Hannah Arendt

Política e totalitarismo

Ricardo Luiz de Souza

Hannah Arendt

Política e totalitarismo

EDITORA
IDEIAS&
LETRAS

1ª impressão

Editora Ideias & Letras
Avenida São Gabriel, 495
Conjunto 42 - 4º andar
Jardim Paulista – São Paulo/SP
Cep: 01435-001
Editorial: (11) 3862-4831
Televendas: 0800 777 6004
vendas@ideiaseletras.com.br
www.ideiaseletras.com.br

Dados Internacionais de Catalogação na Publicação (CIP) de acordo com o ISBD

S729h Souza, Ricardo Luiz de

Hannah Arendt: política e totalitarismo / Ricardo Luiz de Souza. - São Paulo : Ideias & Letras, 2021.

240 p. ; 11,5cm x 20cm. – (Série Pensamento Dinâmico)

Inclui bibliografia.
ISBN: 978-65-87295-19-0

1. Filosofia. 2. Hannah Arendt. 3. Política. 4. Totalitarismo. 5. Modernidade. I. Título. II. Série

2021-3919 CDD 100
CDU 1

Elaborado por Odilio Hilario Moreira Junior - CRB-8/9949
Índices para catálogo sistemático:
1. Filosofia 100
2. Filosofia 1

Sumário

Introdução

O eixo temático proposto nesta obra é a análise do pensamento de Hannah Arendt no que se refere à ação política, em conexão com duas questões que estão presentes no horizonte teórico da autora e, ao mesmo tempo, assombraram-no, a saber: o advento do totalitarismo e a ascensão das massas no mundo moderno.

A autora define essas questões como intimamente relacionadas, e os aspectos do pensamento político arendtiano serão aqui abordados com base no eixo temático proposto. Tal eixo será tratado de forma introdutória em relação ao pensamento da autora, sendo que, por essa razão, a caudalosa bibliografia a respeito de Hannah Arendt será abordada de forma sumária, com a análise estando centrada nos textos arendtianos. Acredito, por isso, que um bom ponto de partida para um texto de apresentação da obra da autora é, precisamente, uma abordagem das temáticas que a fundamentam, bem como do eixo por elas formado.

Arendt defendeu valores políticos como a pluralidade e a igualdade política, que a situam próxima à tradição liberal. Porém, ela vai além dessa tradição ao defender a radicalização da prática democrática a partir, por exemplo, do elogio à criação de conselhos de trabalhadores, vistos como uma forma de superar a burocratização da política partidária.

Entretanto, sua tentativa de conciliar igualdade política e desigualdade social, a firme distinção entre a esfera da necessidade e a esfera política, e seu elogio da tradição perante os riscos da modernidade a situam próxima da vertente conservadora do pensamento político ocidental. Ela não é, portanto, uma autora cujo pensamento possa ser compreendido a partir de definições precisas, e, se com base em uma vertente ela poderia ser vista como conservadora, em outra ela poderia ser definida como revolucionária.

Há, na obra de Arendt, a justaposição de algumas ideias consideravelmente bizarras com outras que figuram entre as mais progressistas, inovadoras e avançadas de nossa época. Assim, o combate à discriminação racial é criticado por ela à medida que a desigualdade social não pode ser eliminada por meio de ações políticas; por outro lado, a autora realiza uma lúcida análise das origens e fundamentos do racismo.

Arendt não queria fazer parte dos círculos consagrados de intelectuais e nem de qualquer círculo hostil a estes. Ela sempre buscou, de fato, manter-se à margem de movimentos e cânones culturais ou políticos, e pagou um preço por isso, tanto em termos pessoais quanto na elaboração de sua obra. Apesar de consagrada, ela sempre esteve à margem, de uma forma ou de outra, atuando em oposição ao que foi visto por ela como dogmático no marxismo e sendo também uma crítica incisiva dos procedimentos da democracia liberal e especialmente do universo partidário.

Entretanto, se ela foi uma crítica da herança marxista, também reconheceu enfaticamente a influência do pensamento marxiano, e, se contestou ideias consagradas entre os meios judaicos, irritando profundamente os círculos intelectuais judeus, especialmente com suas análises do que definiu como o colaboracionismo judaico durante a Segunda Guerra, sendo muito hostilizada por isso, ela sempre fez questão de se definir como judia.

Ainda, se seu pensamento é caracterizado pela recusa a qualquer forma de ortodoxia, ele não carece de unidade e coerência. A pensadora alemã escreveu diversos livros ao longo de sua vida, mas sua obra é composta em boa parte por escritos de ocasião, desprovidos de qualquer pretensão à sistematicidade e feitos de elementos dos mais heterogêneos. Apesar disso, há um núcleo de ideias e conceitos que a estruturam e lhe conferem originalidade e criatividade.

Uma ideia estruturante no pensamento arendtiano é a importância e a autonomia da esfera política, o que a leva a se preocupar com o que vê como um fenômeno de despolitização, capaz de colocar em segundo plano a autonomia da esfera política e de, em casos extremos, eclipsá-la, com tal fenômeno se encontrando presente de forma radical sob o totalitarismo, mas também, em outro contexto, sob a modernidade que a ele se seguiria.

O contraste entre despolitização e valorização da política nos leva a ressaltar um procedimento metodológico frequentemente utilizado pela autora e muito útil para a compreensão de seu pensamento, que é o fato de sua teoria política ser construída a partir de dicotomias: tradição em oposição à modernidade, ação em oposição à coerção, política em oposição à necessidade. Contudo, há uma dicotomia que se dissolve e se transforma em necessidade: a modernidade passa a ser vista, de diferentes maneiras, como herdeira do universo totalitário, não conseguindo ultrapassá-lo e incorporando alguns de seus pressupostos.

O pensamento arendtiano é complexo e contraditório, por fim, a partir da interface por ela promovida entre filosofia e política. Ela não se considera filósofa: Arendt, como ressalta Taminiaux (1992, p. 155), se recusa a ser considerada uma filósofa da política. Ela se define como cientista política e chega a acentuar o desinteresse da filosofia política pelos negócios da pólis, afirmando:

> *O interesse pela política não é algo corriqueiro para o filósofo. Nós, cientistas políticos, não costumamos levar em consideração que as filosofias políticas, em sua maioria, se originam da atitude negativa e às vezes até hostil em relação à polis e a todo o campo dos assuntos humanos (ARENDT, 2008a, p. 444).*

Há, para Arendt, um abismo entre ideias filosóficas e realidade política, e a tradição ocidental da filosofia política é, para ela, desde Platão, hostil a essa realidade. O pensamento político de Arendt é definido por ela própria, segundo Déotte (1993, p. 97), como um retorno às fontes da política e do pensamento da comunidade política, opondo-se à filosofia e suas ruínas. Mas, malgrado suas próprias palavras, Arendt construiu uma das mais importantes filosofias políticas do século XX, e assim sua obra deve ser compreendida.

Assim, partindo de três temáticas centrais em sua obra – a política, o totalitarismo e a modernidade –, o presente texto analisa o pensamento arendtiano. Arendt faz o elogio da política, de sua dignidade – para utilizar uma expressão cara a ela –, e pensa o totalitarismo como um movimento de negação da esfera política, assim como da ação, da interação, da liberdade e da espontaneidade que o caracterizam; e entende a modernidade como um processo histórico no qual a esfera política encontra-se ameaçada pela emergência da sociedade de massas, na qual alguns fundamentos do totalitarismo encontraram abrigo. Dessa forma, a articulação entre essas temáticas no pensamento arendtiano constitui o meu objetivo de estudo, ainda que de forma introdutória, nas páginas seguintes.

I.

A política sem piedade

1. O elogio do poder e da autoridade

Podemos começar com algumas questões a respeito da teoria política arendtiana. Inicialmente, o que é o poder para Hannah Arendt? A autora assim o define:

> *O poder corresponde à habilidade humana de não apenas agir, mas de agir em uníssono, em comum acordo. O poder jamais é propriedade de um indivíduo; pertence ele a um grupo e existe apenas enquanto o grupo se mantiver unido (ARENDT, 1985, p. 24).*

O poder, portanto, é exercido entre indivíduos e, na perspectiva arendtiana, não pode existir em meio ao isolamento, de forma que, segundo Arendt (1987, p. 29), "o poder surge apenas onde as pessoas agem em conjunto, mas não onde as pessoas se fortalecem como indivíduos". Ainda, o poder é pensado antes como um meio de comunicação do que como um meio de dominação.

A política não é vista pela autora apenas em termos de dominação, mas também em termos de ação e, mais especificamente, de ação comunicativa, ligando as pessoas umas às outras mais do que fazendo com que uma se imponha sobre as demais. Por sua vez, toda ação, para a autora, é uma forma de comunicação, e o modelo de poder elaborado por Arendt é definido por Habermas (1994a, p. 212) como comunicativo, uma vez que o fenômeno que o fundamenta não é a instrumentalização da vontade alheia, mas a formação de uma vontade comum baseada na busca por um acordo.

O poder, portanto, na perspectiva arendtiana, deriva de um processo de associação ao mesmo tempo em que o consolida, abrindo caminho para a criação de uma comunidade estruturada a partir da existência de um mundo comum. Temos, com isso, um modelo que se opõe tanto à concepção weberiana de poder quanto à concepção marxista, ambas centradas no conceito de dominação.

O poder nasce da união entre as pessoas que dele compartilham, e desaparece quando essa união se extingue. Sobre isso, Arendt (1990, p. 140) acentua:

> *Em contraste com a força, que é um dom e um bem que qualquer indivíduo, em seu isolamento, pode dispor contra todos os outros homens, o poder só começa a existir quando os homens se unem com o propósito de ação, e desaparece sempre que, por qualquer razão, eles se dispersam e se afastam uns dos outros.*

O poder, portanto, é definido em oposição à coerção, que pode ser exercida por indivíduos ou grupos isolados em relação a uma multidão atomizada, ao passo que o poder só nasce e só persiste quando vivenciado como algo em comum, sendo, portanto, um fenômeno coletivo que não pode existir a partir da singularidade. É um fenômeno plural, sendo a pluralidade o seu fundamento e a condição de sua existência, enquanto a violência corrói a pluralidade, que é o seu requisito. Afinal, segundo Arendt (2006a, p. 153), se o poder é produzido sempre que os homens produzem algo em comum, ele é também um fenômeno originário da pluralidade. Portanto, para a autora, ele nasce da pluralidade e não da uniformidade.

Nada, para ela, poderia ser mais monstruoso que a uniformidade mundial: "Um cidadão do mundo, vivendo sob a tirania de um império mundial, falando e pensando numa espécie de esperanto glorificado, seria tão monstruoso como um hermafrodita" (ARENDT, 1987, p. 82). E nada pode ser mais equivocado e gerar tantos equívocos trágicos, como de fato gerou, segundo Arendt, que a crença na unidade humana. Arendt (1991, p. 17), então, acentua: "Nada do que é, à medida que aparece, existe no singular; tudo que é, é próprio para ser percebido por alguém. Não o Homem, mas os homens é que habitam este planeta. A pluralidade é a lei da Terra".

A uniformidade gerada, ou que se pretende gerar pela crença na existência do Homem, é hostil, para a autora, à fala, à comunicação, à pluralidade; elimina-as, cria em seu lugar um universo fundado na violência e no discurso que se pretende único. E, com isso, extirpa qualquer possibilidade de vida política.

Arendt, portanto, em oposição à defesa da unidade humana, faz o elogio da pluralidade, definida como o fundamento da existência do ser humano, e chega a buscar na Bíblia, bem em suas páginas iniciais, as origens do conceito: "A pluralidade dos homens, indicada nas palavras do Gênese, que nos diz não que Deus criou o homem, mas que 'macho e fêmea Ele os criou'" (ARENDT, 2008b, p. 108).

Segundo Bernstein (2002, p. 305), apesar de gostar de introduzir novos conceitos e distinções, Arendt raramente forneceu uma definição sucinta de pluralidade. É uma característica da autora, de fato, trabalhar com conceitos cujo sentido preciso nem sempre ela se dá ao trabalho de definir, mas o que importa, no caso, é ressaltar a relação basilar por ela estabelecida entre política e pluralidade, relação esta que Adler (2007, p. 340) descreve como:

> *A política repousa num fato: a pluralidade humana. Arendt, que retoma suas teses sobre a diversidade, desenvolvidas no final de* Origens do totalitarismo, *afirma que a política, para voltar a ser nobre e confiável, deve repousar sobre os homens e não sobre uma teoria dos homens.*

Ela deve, enfim, buscar, na medida do possível, soldar a fratura gerada pelo totalitarismo e por sua recusa à pluralidade. Para Arendt, o totalitarismo surgiu como uma forma de ressentimento contra a pluralidade da condição humana e cresceu como uma tentativa de eliminá-la. Tal ressentimento encontra-se ainda atuante no bojo da modernidade: é o fundamento da herança totalitária.

O poder tem como fundamento a igualdade dos que dele compartilham: igualdade na pluralidade. É o que Arendt (2008a, p. 355) salienta:

> *A experiência fundamental sobre a qual se fundam as leis republicanas, e da qual brota a ação dos cidadãos de*

> *uma república, é a experiência de conviver e pertencer a um grupo de homens com o mesmo poder. As leis que regem a vida dos cidadãos republicanos não favorecem a distinção; pelo contrário, restringem o poder de cada um de modo a preservar espaço para o poder de seu semelhante.*

Não apenas o poder é um fenômeno baseado na igualdade e na pluralidade, mas possui mecanismos autorreguladores que delimitam e controlam seu exercício:

> *O poder só pode ser contido e, ainda assim, permanecer intacto, através do poder, de forma que o princípio de separação do poder não apenas proporciona uma garantia contra a monopolização do poder por uma parte do governo, como também oferece, na realidade, uma espécie de mecanismo, incrustado no próprio cerne do governo, através do qual novo poder é constantemente gerado, sem que, no entanto, venha a crescer demasiadamente e se expandir, em detrimento de outros centros ou fontes de poder (ARENDT, 1990, p. 121).*

A teoria política arendtiana é estruturada, portanto, em termos da idealização do poder, visto como algo que nasce entre os homens, e não do conflito entre eles. Afinal, segundo Arendt (2006a, p. 233), a divisão entre poderes distintos é a melhor prova de que este não é algo engendrado por uma vontade subjetiva, mas por aquilo que surge entre os homens quando estes atuam juntos.

Com isso, para Arendt, o poder, ao contrário de ser rígido, é dotado de uma potencialidade enriquecedora e de uma instabilidade que lhe é inerente, uma vez que depende da vontade dos indivíduos de atualizar ou não a pluralidade original a que pertencem; por isso, é sempre algo positivo, enriquecedor, construtivo.

A idealização do poder o isenta de conflitos e o coloca no polo oposto àquele no qual Arendt situa a violência. O poder não utiliza a violência para se impor e, quando isso ocorre, a primeira vítima é o próprio poder, que desaparece em contato com sua antítese. O poder, enfim, na perspectiva arendtiana, nasce da harmonia baseada na pluralidade, e não da coerção estruturada a partir do conflito; a base dessa coerção é a violência, ou seja, a antítese do poder.

Quando o poder desaparece, por sua vez, é a própria comunidade política por ele fundamentada que se encontra condenada à extinção, o que é enfatizado por Arendt (1981, p. 212):

> *O que primeiro solapa e depois destrói as comunidades políticas é a perda do poder e a impotência final; só existe em sua efetivação. Se não é efetivado, perde-se; e a história está cheia de exemplos de que nem a maior das riquezas materiais pode salvar esta perda.*

Afinal, quando a essência se evapora, a comunidade que é por ela sustentada também se desfaz.

Para Arendt, segundo Heuer (2007, p. 101), "o contrário da *violência* não é a *não-violência*, senão o *poder*, quer dizer, não a questão da seleção de meios, senão a própria política". E a política, tal como vista pela autora, é avessa a qualquer forma de instrumentalização.

Isso porque, segundo Arendt (2006b, p. 263), a violência é mensurável e calculável, mas o poder, pelo contrário, é imensurável e incalculável, surgindo entre os homens, ao passo que a violência pode ser criada por alguém. E quando alguém toma o poder, este é destruído, restando a violência. Por fim, a violência é sempre objetiva, sendo idêntica aos meios que utiliza, ao passo que o poder surge apenas na própria ação e nela consiste, podendo desaparecer a qualquer momento por ser atividade pura.

A violência é situada por Arendt, portanto, em oposição ao poder, sendo de natureza instrumental, enquanto o poder é racional e intersubjetivo. Assim, segundo Arendt (2006a, p. 658), a violência é sempre instrumental, enquanto o poder é essencial. Por ser instrumental, a violência é justificada pelos fins que visa alcançar, o que é acentuado por Arendt (1991, p. 44): "A violência, sendo instrumental por natureza, é racional até o ponto de ser eficaz em alcançar a finalidade que deve justificá-la". E ressalta (1991, p. 3):

> *A própria substância da violência é regida pela categoria meio/objetivo cuja mais importante característica, se aplicada às atividades humanas, foi sempre a de que os fins correm o perigo de serem dominados pelos meios, que justificam e que são necessários para alcançá-los.*

Arendt, dessa forma, recusa-se a vulgarizar a política, transformando-a em meio para a obtenção de fins pessoais ou materiais, opondo-se, também, à validade do uso de qualquer meio indigno que vise ao triunfo de uma boa causa. Seu pensamento segue, portanto, padrões éticos que a levam a relativizar, por exemplo, os conceitos usuais de vitória e de derrota, encarando a vitória de uma revolução como uma derrota ao comprometer os princípios e promessas que a justifiquem. E a derrota pode, ainda, ser melhor que a vitória para um país, desde que esta signifique a liquidação dos princípios morais que o fundamentam e, por que não, o justificam.

Foi o que aconteceu com os Estados Unidos em seu envolvimento na Guerra do Vietnã, se seguirmos as esperanças demonstradas por ela em carta a Heidegger, datada de 1967: "O melhor que pode acontecer com este país, ou seja, com a república, é perder a guerra. Isso terá consequências muito desagradáveis, que precisam ser, contudo, tiradas para a aventura imperialista e para a sangrenta *Pax americana*" (*apud* LUDZ, 2001, p. 121).

Já o poder encontra sua justificativa em sua própria existência, o que o torna, aliás, frágil perante a eficácia intrínseca ao uso da violência. Com isso, surge uma distinção a partir da qual o poder legitima o governo e é o seu fundamento, mas o governante não tem sua existência validada por meio do uso da violência. O ato de governar não pode ser instrumental e não pode ser justificado, instrumentalizado ou orientado a partir de um fim que tenha, na violência, a sua essência.

O conceito de violência utilizado pela autora não é, contudo, unívoco, havendo, segundo Arendt (2006a, p. 666), duas classes completamente distintas de violência: uma, puramente instrumental, que se extingue quando o fim para o qual é utilizado é obtido, sendo a outra a atividade a partir da qual confirmo a mim mesmo, e que deve ser repetida vez ou outra, embora também a primeira seja ilimitada, uma vez que a violência provoca a violência.

Mais importante, contudo, que as distinções efetuadas no âmbito da violência é a impossibilidade radical desta em conviver com o poder, embora, aqui, surjam ambiguidades e contradições na teoria política arendtiana. Afinal, a violência sempre esteve presente como elemento constituinte da ação estatal, o que leva Arendt (1989, p. 167) a reconhecer, weberianamente, que "a violência sempre foi a *ultima ratio* na ação política, e a força sempre foi a expressão visível do domínio e do governo".

Afinal, segundo Arendt (2006a, p. 613), o poder, para ser duradouro, precisa recorrer à força, mas, a partir daí, é destruído o âmbito político enquanto tal, e Arendt (2007a, p. 94) enfatiza como tal ameaça sempre se encontra presente no horizonte: "É verdade que todo esse âmbito verdadeiramente humano que forma a coisa política no sentido mais estreito pode sucumbir através da força, mas ele não surgiu da força e a determinação nele contida não é um fim por meio da força". E tal ameaça, quando concretizada, pode, como lembra Kohn (2008, p. 34), trazer consequências nefastas e irreversíveis:

> *Para Arendt, toda força destrutiva, mesmo quando inevitável, é em si mesmo antipolítica: destrói não apenas as nossas vidas, mas também o mundo que*

> *está entre elas e as humaniza. Um mundo humano e humanizante não se pode manufaturar, e nenhuma parte dele que tenha sido destruída pode ser jamais reposta.*

Com isso, o poder não consegue sobreviver sem recorrer à violência, mas desaparece em contato com ela. É como se um pressuposto weberiano fosse reconhecido pela autora, anulando, contudo, a partir desse reconhecimento, a validade do próprio conceito de poder por ela proposto.

Se o poder, em síntese, deriva do consenso, a violência é a ruptura do acordo e, portanto, a dissolução do poder: "À violência sempre é dado destruir o poder; do cano de uma arma desponta o domínio mais eficaz, que resulta na mais perfeita e imediata obediência. O que jamais poderá florescer da violência é o poder" (ARENDT, 1981, p. 29). O poder, portanto, nasce sempre do acordo, jamais da violência.

A violência não é vista por Arendt como um fenômeno político, sendo destituído da grandeza inerente à ação política e não sendo, como ela, baseada na palavra e na comunicação. Portanto, para Arendt, a violência não pode ser confundida com o poder, nascendo, antes, de sua ausência: "Falando genericamente, a violência sempre brota da impotência. É a esperança daqueles que não têm poder (consentimento ou apoio do povo de encontrar um substituto para ele) – e essa esperança, penso, é em vão" (*apud* YOUNG-BRUEHL, 1997, p. 363).

Tomemos, enfim, a seguinte afirmativa da autora: "Somente a pura violência é muda, e por este motivo a violência, por si só, jamais pode ter grandeza" (ARENDT, 1981, p. 35). A política grega, por exemplo, segundo ela, nasce da palavra e, portanto, pressupõe a discussão e exclui a violência. A palavra como fundamento da política é, assim, um fundamento a ser resguardado.

Afinal, da palavra brota a legitimidade e da legitimidade brota a autoridade. Montesquieu (1973, p. 124) antecipa aspectos da tipologia arendtiana ao diferenciar autoridade e despotismo, afirmando:

> *A monarquia arruína-se quando o príncipe, relacionando tudo unicamente a si, chama Estado à sua capital, capital à sua corte, e corte à sua única pessoa. Enfim, ela se arruína quando um príncipe desconhece sua autoridade, sua situação, o amor de seus súditos, e quando não percebe que o monarca deve julgar-se em segurança, como um déspota deve crer-se em perigo.*

A autoridade, como acentua Montesquieu, nasce não da força, e, sim, da legitimidade, conforme pressuposto arendtiano. É fundamental para a compreensão do pensamento político da autora a distinção feita por ela entre força e autoridade: "Visto que a autoridade sempre exige obediência, ela é comumente confundida com alguma forma de poder ou violência. Contudo, a autoridade exclui a utilização de meios externos de coerção; onde a força é usada, a autoridade em si mesmo fracassou" (ARENDT,

1972, p. 129). Da mesma forma, a autoridade fracassa quando desaparece a confiança nela depositada. Entra em crise, e tal crise acarreta uma perda ainda mais ampla, que é a perda de confiança no mundo a ser normatizado pela autoridade.

Nada mais fácil de confundir que autoridade e força, de forma que, mesmo quem utiliza a força para manter-se no poder e não se encontra mais – ou nunca se encontrou – provido de autoridade, julga legítimo o domínio por ele exercido, gerando, com isso, uma ilusão cuja existência Arendt (2006b, p. 192) reitera: "Os que receberam o poder naturalmente se sentem poderosos; mesmo quando o povo retira a base deste poder, o sentimento de poder continua". Aqui, porém, não é possível pensarmos em termos de autoridade. Mas, afinal, como defini-la na perspectiva arendtiana?

Podemos defini-la utilizando uma estratégia frequentemente utilizada por Arendt em seus textos, ou seja, a partir do contraste com o que seria sua antítese; no caso, a violência. Isso porque a autoridade é o mando definido a partir do acordo, e não a partir da violência; onde esta é exercida, não é mais possível situar a existência da autoridade.

Aguiar (2009, p. 93) acentua: "A recusa da legitimidade política conduz à instauração de um sistema societário em que os homens, como seres capazes de pensar e agir, isto é, como diferentes de animais, humanos, são considerados supérfluos". A partir daí a autoridade, por definição, é legítima, sendo o conceito de legitimidade de crucial importância na teoria política arendtiana.

Afinal, onde ela inexiste, a própria existência humana – ou a existência de uma parcela da raça humana, o que é, evidentemente, um pressuposto do totalitarismo – tem sua razão de ser contestada, o que leva Aguiar (2009, p. 79) a ressaltar a importância dada pela autora ao conceito de legitimidade: "A existência de contatos entre os homens, o respeito ao outro que isso implica, é a medida que dá aos governos e às comunidades legitimidade propriamente política". Em relação à perspectiva arendtiana, Aguiar (2009, p. 166) ainda ressalta:

> *A civilização não é medida por um critério absoluto, externo aos homens, e sim pela forma como eles constituem suas relações cotidianas. O sentido da lei é a viabilização dessas relações humanas.*

O conceito arendtiano de legitimidade fundamenta, portanto, o conceito arendtiano de autoridade e, em ambos os casos, percebemos a existência de uma dimensão que extrapola em muito o mero exercício de cargos políticos. Afinal, trata-se da legitimidade do exercício do poder que fundamenta as relações humanas, e a autoridade refere-se a quem exerce este poder.

Quando essa autoridade desaparece, é, na verdade, o sentido de responsabilidade perante o mundo estruturado a partir dessas relações que desaparece, sendo para o risco desse desaparecimento que Arendt (1972, p. 240) alerta:

> *Ao removermos a autoridade da vida política e pública, pode ser que isso signifique que, de agora em diante, se exija de todos uma igual responsabilidade pelo rumo do mundo. Mas isso pode também significar que as exigências do mundo e seus reclamos de ordem estejam sendo conscientemente ou inconscientemente repudiados; toda e qualquer responsabilidade pelo mundo está sendo rejeitada, seja a responsabilidade de dar ordens, seja a de obedecê-las.*

2. O espaço público e o mundo

Outra questão a ser colocada é: o que é o espaço público para Arendt? A praça de uma cidade pode não ser definida como tal, mas um local privado no qual dissidentes se reúnam pode ser assim considerado. Espaços públicos, em síntese, são locais de discussão e persuasão. E, para Arendt, a esfera pública da ação e da linguagem é o teatro para a manifestação das capacidades humanas, além de ser um espaço no qual as pessoas deliberam em conjunto, criando um espaço comum a partir do diálogo referente aos seus interesses mútuos, que abandonam a dimensão da individualidade para tornarem-se coletivos

O espaço público, para a autora, é o espaço da aparência, da visibilidade e da coragem, mas não é o espaço do amor, embora seja o espaço da amizade. O que isso significa?

O espaço da aparência é, para Arendt (1981, p. 211), a origem e a base da esfera pública:

> *O espaço da aparência passa a existir sempre que os homens se reúnem na modalidade do discurso e da ação, e, portanto, precede toda e qualquer constituição formal da esfera pública e as várias formas de governo, isto é, as várias formas possíveis de organização da esfera pública.*

E, sendo constituída pelo espaço da aparência, a esfera pública retira sua dignidade de sua própria visibilidade, ou seja, do fato de, nela, as pessoas e suas ações serem visíveis. A partir daí, a esfera pública, para Arendt, concentra a atenção universal e confere dignidade às coisas e pessoas que nela aparecem, uma dignidade pública, distinta da dignidade presente na esfera individual.

Arendt (2004, p. 267) acentua:

> *Na esfera pública, em que nada conta a menos que se possa fazer ver e ouvir, a visibilidade, a audibilidade são da maior importância. Argumentar que essas são apenas aparências exteriores é incorrer em petição de princípio. Pois são precisamente as aparências que 'aparecem' em público, e as qualidades interiores, os dons de coração e mente, apenas são políticas na medida em que seu portador deseja expô-las em público, colocá-las na ribalta do mercado.*

O espaço público é o espaço no qual as pessoas aparecem quando abandonam a esfera privada e, a partir daí, são avaliadas pelo que fazem e pelo que aparentam ser, não a partir de sua subjetividade ou a partir de seus sentimentos, que só possuem valor na esfera privada. Por isso o espaço público é o espaço das aparências, no qual as pessoas se tornam visíveis e devem tornar sua voz audível para todos.

As intenções, os sentimentos bons ou maus, o que somos em nossa intimidade, mesmo nossos vícios e perversões, nada disso conta na esfera pública nem deve se refletir em seu vocabulário. Nossos atos são públicos, bem como nossas palavras, não os sentimentos e intenções que os geraram, com a ética da responsabilidade, bem como as normas jurídicas que são por ela determinadas, igualmente ignorando tais sentimentos.

As normas jurídicas e os critérios políticos referentes a esse espaço não podem e não devem levar em conta, portanto, o significado subjetivo dos atos, mas apenas o seu sentido concreto e as suas consequências objetivas, ou seja, o que é visível em relação a eles. Na esfera pública, apenas o direito e a ação têm direito à aparência.

A teoria política arendtiana refere-se, portanto, única e exclusivamente ao que ocorre no espaço público, e a esfera privada, em oposição, torna-se e deve tornar-se irrelevante, ao que Arendt (1981, p. 67) assinala:

> *Ser visto e ouvido por outros é importante pelo fato de que todos vêem e ouvem de ângulos diferentes. É este o significado da vida pública, em comparação com a qual até mesmo a mais fecunda e satisfatória vida familiar pode oferecer somente o prolongamento ou a multiplicação de cada indivíduo, com os seus respectivos aspectos e perspectivas.*

A transição a ser feita do espaço privado para o espaço público é vista como uma aventura, e é assim definida por Arendt (2008b, p. 52):

> *A aventura no âmbito político me parece clara. Alguém se expõe à luz do público, como pessoa. Embora eu seja da opinião de que não se deve aparecer e agir em público de maneira constrangida, ainda assim sei que a pessoa se expressa em cada ação como em nenhuma outra atividade humana.*

Por isso, para abandonar o espaço privado e adentrar no espaço público é preciso coragem. Arendt (2007a, p. 53) salienta:

> *A coragem é a mais antiga das virtudes políticas e ainda hoje pertence às poucas virtudes cardeais da política, porque só podemos chegar no mundo público comum a todos nós – que, no fundo, é o espaço político – se nos distanciarmos de nossa experiência privada e da conexão familiar com a qual a nossa vida está ligada.*

É preciso, mesmo, assemelhar-se aos heróis para fazer isso, e os homens públicos são vistos por Arendt, segundo Dossa (1989, p. 115), em um molde heroico cuja gênese remonta a Aquiles. Isso porque o amor, que se encontra presente no espaço privado, desaparece no espaço público. Para Arendt, o espaço privado, e não o espaço da política, é o espaço do amor.

Tal distinção deve ser compreendida em seu sentido mais amplo, afinal, o amor representa uma avaliação eminentemente subjetiva do ser humano, ao passo que, na esfera pública, apenas as aparências, ou seja, os atos visíveis e objetivos, devem ser levadas em consideração. E por fazer parte única e exclusivamente do espaço privado, o amor é, como Arendt (1981, p. 254) assinala, essencialmente alheio à política: "Por natureza, o amor é extramundano e é por esta razão – e não por ser tão raro – que é não apenas apolítico, mas anti-político, talvez a mais poderosa das forças humanas anti-políticas".

Já a amizade pertence à esfera pública, sendo mesmo um de seus fundamentos. Isso porque o espaço público é definido pela pluralidade, e a amizade, para Arendt, é o exercício de ver o mundo de um ponto de vista presente na esfera pública, um outro ponto de vista a ser aceito e compartilhado ou, pelo menos, compreendido, sendo, portanto, um exercício de pluralidade.

O espaço público é o espaço no qual ocorre a convivência entre seres autônomos e diferentes uns dos outros, assim como a amizade. Segundo Arendt (1991, p. 258), consiste precisamente na relação igualitária entre estes seres:

> *O paradigma de uma relação mutuamente predicada entre substâncias independentes é a* amizade: *pode-se dizer de dois homens amigos que são 'substâncias independentes' enquanto relacionados a si mesmos; são amigos íntimos somente na relação que mantêm entre si.*

O espaço público é também o espaço do diálogo, o único espaço onde este pode ocorrer de forma visível e compreensível para todos, o que transforma a amizade, como ressalta Arendt (2008b, p. 59), em um sentimento político:

> *O elemento político da amizade é que, no diálogo autêntico, cada um dos amigos pode entender a verdade inerente à opinião do outro. Mais do que o amigo como pessoa, cada um entende como e em qual articulação específica o mundo comum aparece ao outro, que como pessoa será sempre desigual ou diferente.*

O espaço público é algo que deve ser criado, não pertencendo ao universo das essências, sendo fabricado. É um artefato que nasce de acontecimentos compartilhados e de relações concretas, mas é algo que pode, também, desaparecer, e essa é, para Arendt, a maior catástrofe que pode acontecer à humanidade, uma catástrofe que se encontra sempre presente no horizonte.

Há definições contraditórias do conceito arendtiano de espaço público. Assim, o espaço arendtiano da ação política surge de forma original e inequívoca, segundo Ring (1991, p. 439), como um espaço físico: prédios públicos, praças públicas, locais onde as pessoas vivem e tomam suas decisões políticas. Já Dossa (1989, p. 18) recusa o aspecto físico atribuído por Ring ao espaço público arendtiano, salientando a forma como nos textos da autora os termos política, esfera pública e liberdade aparecem frequentemente como sinônimos.

O que se torna claro, por outro lado, é que o espaço público não coincide, necessariamente, com a esfera estatal. Ele pode surgir em qualquer lugar no qual haja convivência humana, não se restringindo a espaços institucionais nem a locais onde a política feita pelos políticos é levada adiante, e muito menos restringindo-se a espaços regidos pelo Estado.

O espaço público diferencia-se também do espaço particular por ser o espaço em que ocorre a ação política, e Arendt vê o desaparecimento da distinção entre espaço público e espaço privado como uma catástrofe presente no horizonte da modernidade. Isso porque a modernidade, caracterizada pela expansão desmesurada da esfera social, é hostil à sobrevivência do espaço público, e preservá-lo no âmbito da sociedade contemporânea é definido por Arendt como tarefa primordial, a mais prioritária entre todas.

Arendt lamenta a perda de espaços públicos na vida moderna e defende a criação, na atualidade, de uma arena pública para a criação e manutenção da liberdade política. Mas, para que tal arena seja construída e, em seu âmbito, o espaço público (o espaço da política e da liberdade que, de fato, com ele se confundem, transcendendo o espaço meramente físico) sobreviva, é fundamental que este mantenha sua visibilidade, não sendo engolfado por ações e interesses que não sejam ou não possam ser exercidos aos olhos de todos.

Arendt (1990, p. 202), então, acentua: "Os únicos recursos contra o mau uso do poder público pelos indivíduos se encontram no próprio domínio público, na luz que exige cada ato efetuado dentro de suas fronteiras, na própria visibilidade à qual ficam expostos todos os que lá penetram". E quando tal visibilidade encontra-se ameaçada, o espaço público também é ameaçado de desaparecimento.

Nesse contexto, a concepção arendtiana da esfera pública pressupõe que a força, a fraude, a coerção e a manipulação sejam reduzidas ao mínimo. Isso porque tais práticas comprometem ou, em situações extremas, mas não tão incomuns, inviabilizam a visibilidade que deve caracterizar tal esfera. Além disso, opõem-se, também, à pluralidade que deve justificar sua própria existência. Afinal, ou o espaço público é o espaço da pluralidade ou ele simplesmente não tem razão de existir.

Nesse espaço, as diferenças devem ser livres e protegidas de ameaças eventuais ou concretas. Por isso, para Arendt, em analogia com o espaço público, a lei positiva exerce a dupla função de proteger e de, ao mesmo tempo, liberar os homens. No espaço público, as diferenças devem ser solidárias ao invés de hostis, o que faz com que a solidariedade deva ser universal, à medida que permita transcender os interesses e experiências particulares, incorporando--as ao mundo comum da humanidade e mantendo juntos os desiguais.

Com isso, a reativação de uma esfera pública na qual as atividades da cidadania possam florescer depende da redescoberta de um mundo comum e compartilhado e da criação de inúmeros espaços nos quais os cidadãos possam estabelecer relações de solidariedade e reciprocidade.

Apenas nesse espaço o exercício da pluralidade cria o seu espaço e o transforma em uma arena, ou em um componente político, no sentido que Arendt dá ao termo. Ali, todo ato é necessariamente político e, portanto, dotado do dom da criação e da reinvenção. O espaço político, portanto, deve ser capaz de se reinventar em sua pluralidade, alargando-a e ampliando-se permanentemente a partir desse processo. Por isso, a esfera pública, no pensamento da autora, obtém um sentido fundamental em qualquer projeto político igualitário e participativo, bem como na própria filosofia política por ela elaborada.

Como definir, ainda, o conceito arendtiano de mundo? O mundo é definido por Arendt, segundo Courtine-Denamy (2004, p. 95), como o espaço da convivência, de forma que, para a autora, "o mundo é então esse espaço criado pela reunião dos homens, um espaço que, simultaneamente, se intercala entre eles e lhes separa; o mundo é um entre-dois, um espaço intermediário no qual se dão os espaços humanos".

Esse mundo inexiste sem o diálogo, e nele não há possibilidade de consenso, que Arendt pensa em termos de uma homogeneidade sempre vista como uma ameaça. A pluralidade é avessa ao consenso, sendo mesmo a sua antítese, sempre posta em risco perante ações ou discursos que coloquem o consenso como meta a ser alcançada em oposição ao discurso, ou, então, esvaziando-o de qualquer sentido concreto.

O discurso, portanto, é avesso à unidade, só ganhando validade como expressão da pluralidade existente no mundo, sendo este definido como o espaço do discurso. Segundo Arendt (1987, p. 31), "o mundo não é humano simplesmente por ser feito por seres humanos, e nem se torna humano simplesmente porque a voz humana nele ressoa, mas apenas quando se torna objeto de discurso".

O mundo é definido também como o espaço da ação, uma vez que a política é pensada pela autora (2004, p. 171) como um agir no mundo: "A principal distinção, em termos políticos, entre Pensamento e Ação reside no fato de que, quando estou pensando, estou apenas com o meu próprio eu ou com o eu de outra pessoa, ao passo que estou na companhia de muitos assim que começo a agir". O mundo, portanto, é visto por Arendt como um espaço político e, por isso mesmo, perecível. É um conjunto compartilhado de instituições e leis, estando sujeito ao desaparecimento em determinadas situações.

O mundo é construído e compartilhado a partir do senso comum, ou seja, a partir de uma percepção da realidade que deve ser comum a todos. Com isso, o senso comum, para Arendt, representa a existência de um mundo comum, bem como de atos que produzem e reproduzem este mundo. A permanência do senso comum representa, ainda, a permanência do mundo, que desmorona quando o senso comum – seu fundamento – é desmantelado. É o que Arendt (*apud* BRIGHTMAN, 1995, p. 51) acentua:

> *A vida média transcorre num mundo dado pelos sentidos, e é controlada e guiada pelo senso comum.*

> *Se este senso comum se perder, já não haverá mais mundo comum, nem sequer aquele do qual insistirá em ausentar-se temporariamente e para o qual deve retornar.*

E quando, segundo Arendt (2008a, p. 87), o senso comum deixa de atuar, também a esfera pública se torna inoperante:

> *Quer digamos que é a pluralidade dos homens ou o caráter comum do mundo humano a sua esfera específica de competência, é óbvio que o senso comum opera principalmente na esfera pública da política e da moral, e é essa esfera que deve sofrer quando o senso comum e seus juízos triviais já não funcionam, não fazem sentido.*

A partir daí o senso comum – sua existência, a ameaça de seu desaparecimento – ganha fundamental importância, uma vez que, de acordo com a análise feita por Arendt, a existência de opiniões requer a existência de diferentes perspectivas, ativamente orientadas em torno de um mundo comum e objetivamente compartilhado. Sem ele, o espaço público – o reconhecimento de sua existência e de sua necessidade – passa a flutuar, sem um consenso entre os diversos atores que dele participam que o embasem.

Arendt (1981, p. 221) salienta:

> *O único atributo do mundo que nos permite avaliar sua realidade é o fato de ser comum a todos nós; e, se o senso comum tem posição tão alta na hierarquia das qualidades políticas, é que é o único fator que ajusta à realidade global os nossos cinco*

> *sentidos estritamente individuais e os dados rigorosamente particulares que eles registram.*

Sem esse atributo, portanto, a passagem do espaço privado para o espaço público se torna inviável pela inexistência de uma ponte entre ambos pela qual todos possam passar.

O mundo é o que existe para além da esfera privada, e este mundo é dividido entre o espaço político e o espaço social. O espaço político é necessariamente igualitário, mas o espaço social é necessariamente desigual, o que leva Arendt a se insurgir, invariavelmente, quando é levada adiante alguma tentativa de criação, em seu interior, de uma igualdade vista por ela como artificial.

Arendt (2004, p. 272) acentua, por exemplo, em relação às leis de combate à discriminação racial introduzidas nos Estados Unidos na década de 1960:

> *A segregação é a discriminação imposta pela lei, e a dessegregação não pode fazer mais do que abolir as leis que impõem a discriminação; não pode abolir a discriminação e forçar a igualdade sobre a sociedade, mas pode e na verdade deve impor a igualdade dentro do corpo político.*

E acrescenta: "O que a igualdade é para o corpo político – seu princípio intrínseco – a discriminação é para a sociedade" (2004, p. 272). Por fim, Arendt (2004, p. 274) conclui:

> *De qualquer modo, a discriminação é um direito social tão indispensável quanto a igualdade é*

> *um direito político. A questão não é como abolir a discriminação, mas como mantê-la confinada dentro da esfera social, quando é legítima, e impedir que passe para a esfera política e pessoal, quando é destrutiva.*

Ainda, ressalta: "O governo não pode tomar legitimamente nenhum passo contra a discriminação social, porque o governo só pode agir em nome da igualdade – um princípio que não existe na esfera social" (2004, p. 277).

Segundo Arendt, a adoção impositiva de qualquer forma de igualdade social tende a levar, ainda, a resultados catastróficos: "É pelo fato de a igualdade exigir que eu reconheça que todo e qualquer indivíduo é igual a mim que os conflitos entre grupos diferentes, que por motivos próprios relutam em reconhecer no outro essa igualdade básica, assumem formas tão terrivelmente cruéis" (ARENDT, 1989, p. 77).

Por isso, o caminho a ser seguido deve partir não da imposição de uma igualdade artificial, mas do reconhecimento da desigualdade inerente ao mundo. Assim, de acordo com a autora (2006a, p. 37), é preciso distinguir por completo a pluralidade dos homens e dos povos e sua desigualdade fundamental, uma vez que, sem essa multiplicidade, não haveria nenhuma política e, sem essa desigualdade fundamental, nenhuma lei seria necessária.

Arendt (2007a, p. 21) acentua: "A política trata da convivência entre diferentes. Os homens se organizam politicamente para certas coisas em comum, essenciais num caos absoluto, ou a partir do caos absoluto das diferenças". E a pluralidade que estrutura a esfera política deve, também, segundo Arendt (1987, p. 75), estruturar o reconhecimento dos direitos humanos:

> *Os conceitos políticos se baseiam na pluralidade, diversidade e limitações mútuas. Um cidadão é, por definição, um cidadão entre cidadãos de um país entre países. Seus direitos e deveres devem ser definidos e limitados, não só pelos de seus companheiros cidadãos, mas também pelas fronteiras de um território.*

Com isso, a análise arendtiana da condição humana precede, segundo Tassin (2001, p. 58), de um duplo movimento: uma recusa ao conceito de humanidade entendida em seu sentido metafísico e um questionamento desse conceito segundo seu sentido político, de forma que, contra a unicidade genérica ou específica do ser humano, o sentido político faça prevalecer sua pluralidade. E esta é, como acentua Ortega (2000a, p. 32), uma contribuição fundamental do pensamento político arendtiano:

> *Uma das contribuições fundamentais de Hannah Arendt é ter mostrado como a tradição filosófica ocidental não possui, nem pode possuir, um conceito puro do político, pois o homem foi tratado sempre como gênero, negligenciando-se assim o fato da pluralidade humana, condição de possibilidade do agir humano.*

O reconhecimento da pluralidade inerente à esfera política, aliada à recusa de qualquer unicidade que caracterize o gênero humano, bem como ao reconhecimento da desigualdade intrínseca à esfera social, leva Arendt a criticar qualquer concepção de direitos humanos que tenha como fundamento a existência de uma igualdade natural. Pelo fato, afinal, de a sociedade ser concretamente desigual, qualquer igualdade abstrata que a ela fosse imposta se tornaria inócua no melhor dos casos e, no pior dos casos, perigosa.

Arendt critica, a partir de tais pressupostos, a concepção que fundamenta os direitos humanos na natureza, recusando qualquer forma de jusnaturalismo e ressaltando: "Desde o início, surgia o paradoxo contido na declaração dos direitos humanos inalienáveis: ela se referia a um ser humano 'abstrato', que não existia em parte alguma, pois até mesmo os selvagens viviam dentro de algum tipo de ordem social" (ARENDT, 1989, p. 325).

A autora critica a tentativa de validar a existência dos direitos humanos fundamentando-os na natureza humana como se fizessem parte dela, o que transformaria a atividade política em uma dimensão dessa natureza, retirando dela a sua especificidade, sua dignidade, portanto. E, além de não serem naturais, os direitos humanos, para a autora, não são dotados de existência objetiva, embora também não se tratem de uma ideia subjetiva: fazem parte da pluralidade humana, são sua consequência e formam sua intersubjetividade

Da mesma forma, para Arendt, a igualdade política não é um atributo natural, não resultando de uma condição natural que preceda a constituição da política. Portanto, a igualdade política – pressuposto da teoria arendtiana – não é uma igualdade natural, sendo, pelo contrário, uma construção artificial. Com isso, qualquer tentativa de identificar seus fundamentos naturais está fatalmente condenada ao fracasso.

Finalmente, a igualdade política não deve remeter à vida pessoal, definida como desigual por definição, ao que Arendt (2008a, p. 352) acentua: "A distinção entre cidadão e indivíduo se torna problemática tão logo percebemos a discrepância entre a vida pública, em que sou um cidadão como todos os outros cidadãos, e a vida pessoal, em que sou um indivíduo diferente de todos os demais".

Dessa forma, nem desigualdades pessoais podem ser consideradas na esfera política, na qual todos são ou devem ser iguais, nem a igualdade política pode servir como base para qualquer tentativa de igualdade entre as pessoas enquanto indivíduos, limitando-se às pessoas enquanto atores políticos.

As consequências concretas do estabelecimento dessa rígida dicotomia são ressaltadas por Valle (2005, p. 70): "Arendt parece legitimar um mundo dividido e hierarquizado, opondo-se à transformação social, em defesa da reforma das instituições políticas, da necessidade de um 'governo civilizado'". É como se o preço da igualdade política fosse a desigualdade social, com a primeira não podendo intervir na segunda.

Arendt faz, então, a enfática defesa da desigualdade social, levando-a, inclusive, para o terreno das relações raciais. Para ela, a existência de discriminações é vista como natural, fazendo parte desse contexto e sendo criticada pela autora, portanto, qualquer tentativa artificial – leia-se, política – de eliminá-la. Por outro lado, a autora descreve com clareza as consequências políticas do racismo, por ela definido como um dos pilares do totalitarismo. Gera-se, com isso, uma contradição que permanece insolúvel ao longo de sua obra.

Aguiar (2001, p. 39) salienta: "Ponto axial da noção contemporânea da política, segundo Arendt, é a transformação da essência, do fundamento primeiro em verdade e essa como contraposta e em substituição da opinião". A opinião, portanto, opõe-se à verdade a partir de sua pluralidade, ao passo que a verdade pretende alcançar a essência e, com isso, ser unívoca e definitiva.

Opiniões, afinal, são intrinsecamente diferentes, mas a opinião pública, à medida que tende ao consenso ou pretende alcançá-lo, pode, nesse sentido, anular o espaço da política, pois a vontade majoritária da opinião pública não é, para Arendt, necessariamente democrática. Pode mesmo ser antidemocrática, se pensarmos a democracia como espaço de convivência entre vontades divergentes e de tolerância em relação a expressões minoritárias. Assim, uma tirania apoiada pelo povo torna estéreis as vozes que dela discordem, o que a leva a concluir:

> *Não é apenas, e talvez não seja fundamentalmente, em razão do poder esmagador da maioria que a voz da minoria perde, nessas circunstâncias, toda a*

> *força e toda a plausibilidade; a opinião pública, por causa de sua unanimidade, provoca uma oposição unânime e, por conseguinte, sufoca as verdadeiras opiniões que surjam em qualquer lugar (ARENDT, 2007a, p. 21).*

Quando Arendt menciona a "voz da minoria" e destaca a importância de preservá-la e de ouvi-la em meio ao silêncio ruidoso gerado pela opinião pública, é de sua própria voz – a voz de uma autora assumida e propositalmente excêntrica – que ela está falando. Afinal, Arendt (2004, p. 70) afirma: "Por temperamento e inclinação pessoal – aquelas qualidades psíquicas inatas que não formam necessariamente os nossos julgamentos finais, mas certamente os nossos preconceitos e impulsos instintivos –, tendo a me esquivar da esfera pública".

Entretanto, algumas questões devem ser colocadas. Se Arendt define como heroica a atitude daqueles que se aventuram na esfera pública, ela própria reconhece sua inaptidão para embarcar nessa aventura, mas, por outro lado, poucos intelectuais nela embarcaram com tanta combatividade e foram tão combatidos por isso. Esse, afinal, é o preço a ser pago mesmo por quem pretende permanecer à margem.

Dessas questões e respostas surge, em síntese, uma autora à margem de qualquer centro político dominante. Arendt, afinal, lembra Laqueur (1998, p. 496), tinha uma vaga simpatia pela esquerda e pelos revolucionários, mas, em carta a Jaspers, ela acentua ser a margem da sociedade o único lugar possível, nos tempos contemporâneos, para seres humanos decentes. E é exatamente sua excentricidade que torna indispensável a distância a ser mantida perante uma leitura de fundo ideológico de seus textos, baseada no contexto ideológico da Guerra Fria e que buscou apropriar-se de suas ideias a partir de um anticomunismo estreito que procurou, em seus textos, uma forma de justificativa.

3. A pobreza sem solução

Arendt defende a existência do que podemos chamar de política sem piedade, uma política anticristã, pois a valorização da caridade como suprema virtude significa a desvalorização da esfera pública e daí, acentua ela, a hostilidade com a qual o cristianismo sempre a encarou (ARENDT, 1981, p. 84). A caridade, segundo Arendt (2007b, p. 30), é diferente da solidariedade, servindo antes para isolar os indivíduos, razão pela qual não é produtiva.

Da mesma forma, a fé, segundo Arendt (1997, p. 154), é hostil ao mundo: "A fé retira o homem do mundo, portanto, de uma comunidade humana, da cidade terrestre (*civitas terrena*)". Arendt (1981, p. 69) ainda ressalta:

> *A moralidade cristã, em contraposição a seus preceitos religiosos e fundamentais, sempre insistiu em que cada um deve cuidar de seus afazeres e que a responsabilidade política constitui, em primeiro lugar, um ônus aceito exclusivamente em prol do bem-estar e da salvação daqueles que ela liberta da preocupação com os negócios públicos.*

A autora (1990, p. 70) assinala: "A piedade pode ser a perversão da compaixão, mas sua alternativa é a solidariedade". E acrescenta: "A piedade, tomada como fonte de virtude, tem demonstrado possuir uma capacidade para a crueldade maior do que a própria crueldade". A partir daí, é estabelecida em sua obra uma nítida distinção entre compaixão e piedade, à medida que a compaixão se refere ao indivíduo, ao passo que a piedade se refere ao ser humano tomado como uma entidade abstrata.

Para Dostoiévski, segundo Arendt (2007c, p. 211), o sinal da divindade de Jesus é sua capacidade de sentir compaixão pelos homens em sua individualidade, ao invés de tomá-los apenas como uma entidade. É a capacidade que Ivan Karamazov afirma não possuir que o leva a afirmar: "Os mendigos, sobretudo aqueles que têm alguma nobreza, não deveriam jamais mostrar-se, mas pedir esmola por intermédio dos jornais. Em teoria, ainda pode-se amar seu próximo, e até mesmo de longe; de perto, é quase impossível" (DOSTOIÉVSKI, 1971, p. 178).

Wagner (2006, p. 89) acentua: "Hannah Arendt não nega as experiências cristãs que deram origem à ideia de liberdade interior; o que é relevante para ela, nesse caso, é que a noção de liberdade surgida das experiências religiosas acabou transferida para o âmbito da teoria política". E a compaixão, quando situada na esfera política, entra em contradição com toda uma tradição que sempre a manteve fora desse âmbito, e cuja existência Arendt (1990, p. 56) enfatiza:

> *A História diz-nos que de modo algum é uma coisa natural que o espetáculo da miséria mova os homens à piedade; mesmo durante os longos séculos em que a religião cristã de misericórdia impôs padrões morais à civilização ocidental, a compaixão se manifestava fora do domínio político, e, muitas vezes, fora da hierarquia oficial da Igreja.*

Da mesma forma que o amor, a compaixão, para ela, é uma entidade apolítica devido a sua inclinação natural a excluir o que a autora considera ser a essência da política. Por isso, a compaixão não é o espaço da política e vice-versa. A compaixão demanda ação direta e rápida, oposta aos longos processos de negociação e acordo que caracterizam a política, cuja argumentação é inteiramente estranha à compaixão, o que faz com que, do ponto de vista político, esta seja irrelevante e inconsequente (ARENDT, 1990, p. 68). O sofrimento dos miseráveis, portanto, pode gerar compaixão, mas esta não é um sentimento politicamente relevante.

Mesmo quando um processo revolucionário enfrenta o sofrimento dos miseráveis, tal enfrentamento gera problemas, na perspectiva da autora, uma vez que a compaixão é um sentimento cuja intensidade tende a negar validade a argumentos contrários – a invalidar o diálogo, fundamento da política –, buscando caminhos que levam a soluções imediatas, ainda que autoritárias.

A compaixão, vista politicamente, é, pois, péssima conselheira, abrindo caminho para soluções revolucionárias que não transformam o miserável em um igual ou em um parceiro, reproduzindo o jogo assimétrico e desigual que havia levado ao surgimento e permanência da própria miséria.

Assim, as revoluções europeias, para Arendt, radicalizaram a política e deram contornos ideológicos à compaixão, ao que a autora ressalta: "Não podemos discutir aqui o dano que a compaixão introduziu nas revoluções modernas, com as tentativas de melhorar o quinhão dos infelizes, ao invés de estabelecer justiça para todos" (ARENDT, 1987, p. 22).

A pobreza não é natural, mas pertence ao mundo social, não podendo ser tratada politicamente nem incluída no universo da ciência. Isso não quer dizer que ela deva ser ignorada, e sim que deve ser tratada de forma técnica a partir de alternativas administrativas às quais a política é intrinsecamente alheia. Foi tal introdução da pobreza na esfera política que ocorreu durante a Revolução Francesa, com consequências enfatizadas por Arendt (1990, p. 87):

> *Dos homens da revolução, apenas sobreviveram e subiram ao poder aqueles que se tornaram seus porta-vozes, e que submeteram as leis de um corpo político ainda não constituído às leis 'naturais' que as massas obedeciam, às forças que as impeliam, e que eram as forças da própria Natureza, a força da necessidade elementar.*

Isso se deu porque foi no contexto da Revolução Francesa, de acordo com a autora, que surgiu a tese segundo a qual a miséria poderia ser eliminada a partir de transformações revolucionárias. Segundo Arendt (2006a, p. 88), sem "indignação moral" a pobreza não se faz visível enquanto pobreza. E foi a partir da Revolução Francesa que ela ganhou visibilidade, ou seja, pela primeira vez, então, a miséria deixou de fazer parte de um cenário natural para se transformar em algo a ser erradicado, e sendo possível, a partir de então, ser erradicado.

A política não pode existir, segundo Arendt (1972, p. 159), onde a necessidade ainda se faça presente: "A necessidade deve ser controlada antes que a 'boa vida' política possa se iniciar e ela somente pode ser controlada pela dominação. Consequentemente, a liberdade para a 'boa vida' assenta-se na dominação da necessidade".

Mas esta, para a autora, não é tarefa a ser executada a partir da política. Segundo Kateb (2000, p. 131), a dignidade da política, para Arendt, não é de molde a transformá-la em instrumento de reforma social, ou mesmo a adaptá-la para a mudança social. Arendt (2007a, p. 50) acentua, nesse sentido, a desnecessidade básica da política perante a satisfação das necessidades materiais:

> *A política não é necessária, em absoluto – seja no sentido de uma necessidade imperiosa da necessidade humana como a fome ou o amor, seja no sentido de uma instituição indispensável do convívio humano. Aliás, ela só começa onde cessa o reino das necessidades materiais e da força física.*

A Revolução Francesa foi o momento, então, no qual a necessidade invadiu a esfera política, alheia a ela por definição. Com isso, o espaço público a partir da Revolução Francesa, segundo Arendt (2007a, p. 39), "fora forçado a abrir seu espaço e sua luz a essa imensa maioria dos que não eram livres, por estarem presos às necessidades do dia a dia".

Se a pobreza, até então, era vista como parte de uma paisagem imutável, foi sua transformação em fator revolucionário que, segundo Arendt (2007a, p. 53), passou a ser vista com naturalidade:

> *A ideia de que a pobreza devia ajudar os homens a romper as algemas da opressão, porque os pobres nada tinham a perder além dos seus grilhões, tornar-se-ia tão familiar através dos ensinamentos de Marx que somos tentados a esquecer que ela foi algo inconcebível antes do transcurso da Revolução Francesa.*

A partir do processo desencadeado pela Revolução Francesa, a indiferença e/ou a resignação perante a pobreza foi, segundo Arendt (1991, p. 35), substituída pelo ódio, que também passou a ser visto como natural, embora igualmente não o seja:

> *O ódio não é de forma alguma uma reação automática à miséria e ao sofrimento como tais; ninguém reage com o sentimento de ódio a uma doença incurável ou a um terremoto ou a condições sociais que parecem imutáveis. Somente onde houver razão para suspeitar que as condições poderiam ser mudadas e não o são é que surgirá o ódio.*

As consequências dessa transformação são definidas como potencialmente destrutivas, carregando em si uma tragédia em potencial, e tragédia que – mais de uma vez ao longo dos séculos seguintes –

foi transformada em realidade. Quando os miseráveis chegam à esfera política, trazem consigo seu ódio, que ignora o diálogo e a amizade, substituindo-os pelo terror. E do terror pode nascer apenas a violência, não o poder. A miséria, politicamente, desumaniza não apenas os miseráveis, conclui Hannah Arendt.

Ainda, ao gerar a revolta, a miséria não pode dar a ela um sentido que não seja destrutivo, por nascer da necessidade mais absoluta, à qual não pode ser dada nenhuma dimensão política. A miséria passa a existir politicamente quando os miseráveis tomam consciência de sua existência como uma construção social; algo, portanto, que pode ser mudado, mas a política não pode ser instrumentalizada em direção a tal mudança. Quando isso ocorre, a política deixa de existir sem que seja substituída pela solidariedade, que não é um sentimento revolucionário por não pretender a transformação do mundo.

Assim, para Arendt, a partir do momento em que a justiça social é transformada na finalidade constitutiva da comunidade política, esta é instrumentalizada, sendo que, pelo contrário, tal comunidade deve possuir uma existência autônoma. Então, o combate às necessidades materiais representa – assim como a violência, em outro sentido – a instrumentalização da política, ou seja, a negação de sua autonomia perante o mundo que a sustenta e, consequentemente, a negação de sua própria razão de ser. Arendt associa intimamente necessidade e violência, uma vez que a necessidade é inerentemente violenta em sua urgência.

A atividade política não deve levar em consideração, portanto, questões materiais, e o sofrimento dos pobres é algo que não lhe diz respeito. Embora possa parecer chocante, tal axioma é fundamental para a compreensão do pensamento político arendtiano e é por ela exposto com toda a ênfase: "Nada, podemos hoje afirmar, pode ser mais obsoleto do que a tentativa de libertar a humanidade da pobreza por meios políticos; nada pode ser mais inútil e mais perigoso" (ARENDT, 1990, p. 90).

Se Arendt define, como fica nítido, a piedade como um sentimento pré-político por pertencer a uma esfera privada de valores, uma outra questão, contudo, deve ser confrontada, qual seja, a de sua efetiva relação com um regime democrático. Na medida em que Arendt pensa a política como uma esfera relacionada ao debate e não à busca de soluções para o mundo das necessidades econômicas, ela não consegue oferecer soluções, por exemplo, para o deslocamento, sentido de forma tão premente na sociedade contemporânea entre a esfera política e a esfera na qual vivem os cidadãos. Com isso, resta, enfim, a urgente construção de um caminho que transforme a piedade em um sentimento político ativo e transformador, refutando, talvez, um paradigma arendtiano, mas construindo, a partir daí, uma democracia capaz de radicalizar e aprofundar seus pressupostos.

Se, por outro lado, Arendt recusa-se a relacionar a compaixão com a esfera política e recusa-se, igualmente, a inserir o labor no campo da atividade política, é porque as massas – este termo tão ambíguo – e suas necessidades são por ela associadas à ascensão do totalitarismo, ocasionando, então, um trauma histórico que cabe ao pensamento político – tal como delineado a partir da perspectiva da autora – compreender e superar. Assim, *As origens do totalitarismo* faz parte desse projeto de compreensão, ao passo que a parte mais teórica da obra de Arendt busca lançar os fundamentos de uma política pós-totalitária. Mas, nessa política, as massas ocupam um lugar incerto, associado ao trabalho e à piedade, com a conexão entre a atividade produtiva e a democracia permanecendo tênue até o fim.

4. Burocracia, democracia e liberdade

Segundo Arendt (2006a, p. 365), a organização é a mais moderna forma de domínio, porém toda organização é necessariamente burocrática e todo regime burocrático, para a autora (1989, p. 245), é intrinsecamente autoritário:

> *A burocracia é sempre um governo de peritos, de uma 'minoria experiente', que tem de resistir da melhor forma possível à constante pressão da 'maioria inexperiente'. Todo povo é basicamente formado por uma maioria inexperiente e, portanto, não se lhe pode confiar um assunto tão altamente especializado como política e negócios públicos.*

E o risco contemporâneo, para ela (2004, p. 66), é a transformação de todos os governos em burocracias:

> *O governo que não é nem da lei, nem dos homens, mas de escritores ou computadores anônimos, cuja dominação inteiramente despersonalizada pode vir a se tornar uma ameaça maior à liberdade e àquele mínimo de civilidade sem o qual nenhuma vida comunitária é concebível, do que jamais foi a mais abusiva arbitrariedade dos tiranos do passado.*

A burocracia, enfim, é vista como uma ameaça à política, mas em qual sentido? O desaparecimento da pluralidade não é, para Arendt, uma ameaça presente apenas nos regimes totalitários, uma vez que uma das mais perigosas tendências da moderna e burocrática vida social consiste em minar a pluralidade humana e, ainda, eliminar o tipo de fala e de ação requerida pela política autêntica. Eis a ameaça representada pelo predomínio das organizações burocráticas.

Segundo Bernstein (2010, p. 116), o que diferencia a versão arendtiana de outras versões radicais da democracia é o caráter central a ela outorgado ao conceito de fundação, por ele definido como a mais direta transcrição do conceito de natalidade e início para a política.

A democracia, portanto, é o sistema político no qual a iniciativa humana encontraria plena capacidade de atuação. Já o governo baseado na administração e não na política – o governo de ninguém, sem atores políticos e, portanto, sem iniciativa espontânea – é, para Arendt (2004, p. 94), o domínio da desumanidade:

> *Se desejamos definir a burocracia em termos de ciência política, isto é, como uma forma de governo – o mando dos cargos, em oposição ao mando de homens, de um único homem, de poucos ou de muitos –, a burocracia é infelizmente o mando de ninguém e, por essa mesma razão, talvez a forma menos humana e mais cruel de governo.*

E o anonimato que caracteriza o domínio burocrático, na perspectiva arendtiana, arrisca mergulhar na impessoalidade as relações de dominação, levando ao desaparecimento do ator político e, com ele, ao desaparecimento da liberdade, uma vez que esta pressupõe sua existência. É o que Arendt (2008b, p. 128) salienta:

> *O governo de ninguém – e não a anarquia, o desaparecimento do governo ou a opressão – é o perigo que sempre estará a rondar qualquer sociedade baseada na igualdade universal. Na tradição do pensamento político, o conceito de igualdade universal significa apenas que nenhum homem é livre.*

A crítica ao conceito de igualdade social conecta-se, então, com a crítica ao regime burocrático, definido como a consequência política da implantação dessa igualdade. A existência desse regime traria como consequência, segundo Arendt (1990, p. 217), o desaparecimento ou a obsolescência do sistema partidário:

> *Quando o governo se transforma, de fato, em administração, o sistema partidário só pode resultar em incompetência e desperdício. A única função não obsoleta que o sistema partidário poderia talvez desempenhar num tal regime seria preservá-lo da*

> *corrupção dos servidores públicos, e até mesmo essa tarefa seria desempenhada com muito mais eficiência e idoneidade pela polícia.*

Além disso, levaria, também, ao desaparecimento, de acordo com a autora (2004, p. 122), do sistema judiciário: "Numa burocracia perfeita – que em termos de governo é o domínio de ninguém – o procedimento do tribunal seria supérfluo, bastaria trocar os dentes de engrenagem inadequados por outros mais ajustados". O domínio burocrático é, em síntese, na perspectiva arendtiana, hostil aos fundamentos do sistema democrático.

Em oposição a tal forma de regime, Arendt estabelece, segundo Collin (1992, p. 194), dois modelos de democracia: um, de origem iluminista, inscreve a pluralidade na homogeneidade; e outro, que ela identifica com o regime político norte-americano, distingue cidadania e identidade, igualdade e diferença. Por isso, segundo Arendt (2004, p. 66), "o que me influenciou quando vim para os Estados Unidos foi precisamente a liberdade de me tornar cidadã sem ter de pagar o preço da assimilação".

Com isso, a tradição americana, na perspectiva arendtiana, possui, segundo Heller e Fehér (1998, p. 152), um novo reino como promessa: "Com um novo reino de liberdade, o pária será elevado e o privilegiado reduzido ao nível do cidadão, que é o nível da liberdade. E independente de elevado ou reduzido a esse nível, a liberdade só pode ser, por definição, um ganho, jamais uma perda".

Mesmo a democracia, contudo, guarda em seu interior consequências potencialmente destrutivas em relação aos pressupostos que a fundamentam, podendo tornar-se repressiva e hostil à existência da pluralidade que deveria resguardar, o que Arendt (1991, p. 22) assinala:

> *O governo da maioria sem restrições legais, ou seja, uma democracia sem constituição poderia agigantar-se na supressão dos direitos das minorias e agir com muita eficácia ao sufocar as dissensões sem qualquer uso de violência. Porém isso não significa que a violência e o poder sejam uma mesma coisa.*

O que a autora chama de "governo da maioria" é a democracia de massas que, tal como vista por Arendt, pode ser pensada como uma forma de perversão de seu ideal político, na medida em que ela é pensada em termos administrativos, como uma enorme organização econômica apenas eventualmente contestada pelo reaparecimento episódico do genuíno espaço público.

Nela, portanto, perverte-se a ação política, que se caracteriza pela pluralidade. Afinal, a história de um ator político, tal como vista pela autora, é a história de outros atores, e seus planos e ações nunca são determinados apenas por ele próprio. Mas, em termos administrativos, a pluralidade torna-se inútil ou perigosa.

Quando é feito o elogio da democracia, é preciso termos em mente, contudo, de qual democracia se trata, uma vez que Arendt sempre foi cética em relação à política partidária.

Watson (2001, p. 109) refere-se à posição de Arendt perante os Estados Unidos:

> *De um lado, temos a sua lamentação contra os impactos da sociedade de massas, que ocorreria por meio de, por exemplo, publicidade e manipulação das preferências do público, e sua corrosão na condução da política. Por outro lado, ela sempre se manteve otimista quanto à robusteza e à validade da democracia participativa.*

Porém, tal otimismo precisa ser posto em questão ou, pelo menos, matizado, uma vez que, como acentua Young-Bruehl (1997, p. 266), "diferente de muitos teóricos políticos ingleses e norte-americanos natos, que haviam vivido dentro da relativa boa ordem de sistemas bipartidários, Arendt desconfiava dos partidos porque eles deixavam para trás as raízes da ação da cidadania". Arendt (1990, p. 214) acentua, em relação ao bipartidarismo vigente na Inglaterra e nos Estados Unidos: "O máximo que o cidadão pode esperar é ser 'representado', e é óbvio, diante disso, que a única coisa que pode ser objeto de representação ou de delegação é o interesse ou o bem-estar dos outorgantes, mas não suas ações ou opiniões". Trata-se, portanto, na perspectiva arendtiana, de um sistema limitado e claramente insuficiente.

A experiência partidária é definida por Arendt (2007a, p. 125), por outro lado, como uma experiência historicamente limitada e minoritária: "Guerras e revoluções, não o funcionar de governos parlamentares e sistemas democráticos fundamentados em partidos políticos, formam as experiências políticas básicas de nosso século". Além disso, a representação democrática tal como historicamente concebida, ou seja, pensada em termos partidários, encontra-se em crise:

> *O próprio governo representativo está em crise hoje; em parte porque perdeu, com o decorrer do tempo, todas as praxes que permitiam a real participação dos cidadãos, e em parte porque atualmente sofre gravemente da mesma doença que o sistema de partidos: burocratização e tendência do bipartidarismo em não representar ninguém exceto as máquinas dos partidos (ARENDT, 2006b, p. 79).*

Tal desconfiança ajuda a compreender, por contraste, o entusiasmo e a alegria sentidos por Arendt com a eclosão da Revolução Húngara e, especificamente, com a criação de conselhos de revolucionários e de trabalhadores. Ali, naquele momento e a partir daquela ação política, as raízes da cidadania estavam sendo resgatadas de tal maneira que a levariam a escrever em carta datada de 1956: "Finalmente, finalmente eles precisaram mostrar como as coisas realmente são" (*apud* YOUNG-BRUEHL, 1997, p. 270).

Adler (2007, p. 384) descreve a novidade que a Revolução Húngara representou aos olhos de Arendt:

> *Ao distinguir os conselhos revolucionários – resposta à tirania política – e os conselhos operários – reação contra os sindicatos – Hannah vê nessa emergência livre e coletiva uma nova forma de democracia, bem mais convincente do que o sistema de partidos, geradores mecânicos de burocracia.*

E Abreu (2004, p. 82) acentua:

> *Arendt descreve os conselhos como exemplos de formação política espontânea após os eventos revolucionários. Eles eram o germe da formação de instituições a partir da simples organização espontânea dos diversos conselhos, constituídos de cidadãos pertencentes aos mais diversos grupos.*

As alternativas propostas passam, portanto, menos pela revitalização do sistema partidário, cuja validade e capacidade de sobrevivência Arendt parece não levar muito em conta, e mais pela busca de novos caminhos, embora ela pouco se preocupe em definir quais caminhos seriam esses. Arendt, enfim, empenha-se em definir os parâmetros do sistema democrático, mas se abstém de delinear suas possíveis existências e perspectivas concretas, embora sugira alternativas, sempre um tanto vagas.

Assim, Arendt, segundo D'Entréves (1992, p. 161), propõe como alternativa ao sistema representativo baseado em partidos burocráticos um sistema federativo de conselhos no qual os cidadãos poderiam ser ativamente engajados em vários níveis a partir de casos a eles relacionados. E o caminho a ser seguido deve passar, de fato, pelo federalismo:

> *Os únicos rudimentos que vejo para um novo conceito de estado podem ser encontrados no sistema federalista, cuja vantagem é que o poder não vem de cima nem de baixo, mas é dirigido horizontalmente de modo que as unidades federadas refreiam e controlam mutuamente seus poderes (ARENDT, 2006b, p. 198).*

Porém, essa é uma indicação esparsa, que não se conecta com as demais de maneira a formar um projeto político dotado de coerência e organicidade.

A teoria política arendtiana, enfim, toma como base antes a definição de princípios e conceitos que a elaboração de projetos e, dentre esses conceitos, os três principais temas ligados ao conceito arendtiano de cidadania podem ser definidos como sendo a esfera pública, o agente político e a identidade coletiva e a política cultural.

A partir de tais temáticas, o regime democrático, segundo Arendt, caracteriza-se pela abertura e permanência de espaços de debate e comunicação determinados pela pluralidade humana, ou, nas palavras da autora, "no governo constitucional, as leis positivas destinam-se a erigir fronteiras e a estabelecer canais de comunicação entre os homens, cuja comunidade é continuamente posta em perigo pelos novos homens que nela nascem" (ARENDT, 1989, p. 517). Ele é, portanto, um regime caracterizado pela liberdade e pela ação, sendo que a ação só é possível a partir da liberdade, o que gera, contudo, a necessidade de formular novas questões.

Qual a importância da liberdade para Hannah Arendt? Há, para a autora, uma ligação direta e positiva entre poder e liberdade, o que a leva a declarar: "Para a pergunta sobre o sentido da política existe uma resposta tão simples e tão concludente em si que se poderia achar outras respostas dispensáveis por completo. Tal resposta seria: o sentido da política é a liberdade" (ARENDT, 2007a, p. 38). E acrescenta: "Se o sentido da política é a liberdade, isso significa que nesse espaço – e em nenhum outro – temos de fato o direito de esperar milagres" (2007a, p. 44). Por isso, ainda segundo Arendt (2007b, p. 241), os únicos ideais políticos que um povo oprimido pode ter são a liberdade e a justiça.

Arendt (1972, p. 197) acentua: "A liberdade, enquanto relacionada à política, não é um fenômeno da vontade". Isso porque a vontade aspira à soberania, e esta, como ressalta a autora, é incompatível com a liberdade:

> *Onde os homens aspiram a ser soberanos, como indivíduos ou como grupos organizados, devem se submeter à opressão da vontade, seja esta a vontade individual com a qual obrigo a mim mesmo, seja a 'vontade geral' de um grupo organizado. Se os homens desejam ser livres, é precisamente à soberania que devem renunciar.*

A liberdade para Arendt, portanto, é um conceito distinto do conceito de soberania por ser inventiva e estar ligada à vida não a partir da necessidade, mas a partir do acaso, da autonomia e da imprevisibilidade, enquanto a soberania precisa da imposição da vontade para poder existir.

A liberdade, efetivamente, ou é espontânea ou inexiste, de forma que, segundo a autora (2006a, p. 93), a fonte da liberdade, que se manifesta como espontaneidade de poder iniciar uma série por si mesma, é o evento, e somente nele a liberdade pode encontrar sua espontaneidade. Ademais, Arendt (1991, p. 267) enfatiza esse aspecto, sem o qual a liberdade fenece: "A liberdade de espontaneidade é parte inseparável da condição humana".

Por outro lado, a espontaneidade não pode ser confundida com a liberdade da vontade, ou seja, ela é uma construção social tolhida por leis que não podem, contudo, anulá-la, e não um dom natural a ser exercido na solidão, o que leva Arendt (1991, p. 335) a ressaltar:

> *A liberdade filosófica, a liberdade da vontade, é relevante somente para pessoas que vivem fora das comunidades políticas, como indivíduos solitários. As comunidades políticas, nas quais os homens se tornam cidadãos, são produzidas e preservadas por leis; e tais leis, feitas pelos homens, podem variar muito e podem dar forma a inúmeros tipos de governo, todos eles, de uma maneira ou de outra, tolhendo a vontade livre de seus cidadãos.*

Arendt, por consequência, rejeita fortemente a quase automática tendência de associar liberdade e vontade, uma vez que tal equação degrada a liberdade da esfera pública e cria um padrão apolítico para a esfera dos acontecimentos humanos. E a rejeição da influência da vontade sobre a esfera política feita por Arendt reflete a crença segundo a qual a interpretação da vontade como soberania ou como autonomia é incompatível com a natureza e as condições da genuína ação política.

A liberdade nasce, então, do que seria seu oposto, ou seja, da restrição à soberania individual. O indivíduo, para que a liberdade exista, não pode ser soberano em relação aos demais, ou seja, não pode impor sua vontade a eles, sendo esse o próprio pressuposto da liberdade, e tampouco a opinião pública pode ser dotada de soberania, com a sociedade não tendo o direito de impor a sua vontade majoritária sobre quem não faz parte dela, por opção ou por exclusão. O indivíduo, em síntese, não pode ser soberano em relação aos demais, mas a sociedade não pode, igualmente, ser impessoalmente soberana em relação aos indivíduos. Esses são dois requisitos arendtianos para a existência da liberdade.

Ainda segundo Arendt (2006a, p. 214), a liberdade apenas pode surgir na pluralidade, no espaço que surge entre os homens, à medida que estes atuam entre si. Com isso, igualmente, ou a liberdade é plural ou ela inexiste, com a ação política, para Arendt, desenvolvendo-se no terreno da liberdade e da pluralidade.

Mas, afinal, de qual liberdade se trata? A autora (1972, p. 194) acentua: "Tomamos inicialmente consciência da liberdade ou de seu contrário em nosso relacionamento com outros, e não no relacionamento com nós mesmos". A liberdade nasce, portanto, quando estamos em companhia de outras pessoas, e perde seu sentido quando estamos sozinhos, o que Arendt (1972, p. 192) ressalta:

> *A liberdade que admitimos como instaurada em toda teoria política e que mesmo os que louvam a tirania*

> *precisam levar em conta é o próprio oposto da 'liberdade interior', o espaço íntimo no qual os homens podem fugir à coerção externa e* sentir-se *livres. Esse sentir interior permanece sem manifestações externas e é, portanto, por definição, sem significação política.*

Assim, a liberdade a que se refere Arendt não é a liberdade interior, tão característica, por exemplo, da sociedade oitocentista do Biedermeier, da qual E. T.A. Hoffman foi o boêmio representante literário e Kierkegaard, o desesperado representante filosófico. Tal liberdade nasce da retração e da reclusão, atitudes essencialmente apolíticas, sendo que o que a autora pretende é a fusão orgânica entre política e liberdade, esta última vivida em meio aos outros, no espaço público que Hoffman e Kierkegaard, por meio da boemia e da solidão, respectivamente, desprezaram.

Portanto, a liberdade, como Arendt (1972, p. 199) acentua, é filha da ação: "Os homens são livres – diferentemente de possuírem o dom da liberdade – enquanto agem, nem antes, nem depois; pois ser livre e agir são uma mesma coisa". Com isso, Arendt, segundo Brunkhorst (2000, p. 178), rejeita firmemente a tradicional distinção metafísica entre essência e existência, realidade e aparência, e, a partir dessa rejeição, a liberdade surge não como uma misteriosa capacidade interna, mas como o ato de um ser livre manifestado por meio da ação.

Não há política sem liberdade, sendo ela que confere dignidade – mais uma vez o termo – e viabilidade à esfera política. É a partir do momento em que seres livres se comunicam que nasce a política, e ela deve ser livre de coerções, incluindo aquelas que derivam da necessidade.

Consequentemente, no pensamento arendtiano, política e liberdade caminham *pari passu*, correlacionadas como uma expressão unitária, sendo a crise de uma a crise da outra. Todavia, se liberdade e política para Arendt são indissociáveis, liberdade e necessidade também o são: "O homem que ignora ser sujeito à necessidade não pode ser livre, uma vez que sua liberdade é sempre conquistada mediante tentativas, nunca inteiramente bem-sucedidas, de libertar-se da necessidade" (ARENDT, 1981, p. 133).

Algumas especificidades, porém, devem ser pensadas em relação ao conceito arendtiano de liberdade. É um erro inferir que Arendt simplesmente assume a liberdade como sendo uma propriedade inerente e característica da natureza humana. E, de fato, a liberdade não é vista por ela como algo natural, mas como algo socialmente construído, sendo que, quando tal distinção é ignorada, o conceito de liberdade natural, segundo Arendt (2007b, p. 280), torna iguais escravos e tiranos. E tal conceito não pode ser incorporado ao pensamento liberal, o que é acentuado por Severo (2007, p. 71): "A perspectiva de liberdade de Arendt vai de encontro à noção liberal cujas crenças se baseiam em menos política e mais liberdade, e o propósito do governo seria apenas a promoção da segurança, a qual garantiria o exercício da liberdade".

5. O território da ação e do julgamento

A liberdade é o território da ação, e esta, segundo Arendt (1981, p. 31), é intrinsecamente humana: "Só a ação é prerrogativa exclusiva do homem; nem um animal nem um deus é capaz de ação, e só a ação depende inteiramente da constante presença do homem". Portanto, segundo Arendt (1991, p. 46), a ação é o que diferencia o ser humano do animal por ser uma prática especificamente humana: "Nenhuma outra faculdade exceto a linguagem, nem a razão e nem a consciência, nos distingue de forma tão radical de todas as espécies animais. Agir e começar não se tratam da mesma coisa, mas são atividades estreitamente relacionadas".

Como Arendt pensa a ação? Como a define? Qual o conceito arendtiano de ação? Ela está ligada ao mesmo tempo ao espaço e à convivência, à construção de um espaço para a convivência na qual os interesses particulares permaneçam em segundo plano e no qual a ação, acima de tudo, seja interação.

A ação, afinal, é antes de tudo ação destinada a alguém, e uma ação vale sempre como um começo. Arendt define a ação a partir de sua espontaneidade, como uma livre iniciativa feita no contexto de relações interpessoais. A ação, portanto, nasce da convivência e se desenvolve no espaço por ela e para ela construído, ao mesmo tempo em que o fundamenta.

O conceito arendtiano de ação toma como pressuposto a intersubjetividade, a linguagem e a vontade livre do agente. Mas a liberdade só adquire sentido quando vivenciada perante o outro com o qual me relaciono e, nesse sentido, a ação, tal como entendida por Arendt é, necessariamente, ação para o outro.

A ação não é instrumental, não é operacional. Segundo Arendt (2006a, p. 9), a ação é concebida normalmente como uma produção, mas, na produção, uma vez terminado o esboço pensado, o pensamento não apenas é supérfluo, mas, inclusive, perturba a produção. Portanto, para a autora, o pensamento livre e a ação livre não visam nenhuma finalidade e não geram nenhum resultado, limitando-se à criação de sentido. E a ação é potencial, mas não é produtiva (2006a, p. 273), sendo que a legalidade da ação tem como fundamento a sua potencialidade, com o homem de boa vontade necessitando apenas dessa potencialidade e não de leis, uma vez que sempre pode encontrar em si mesmo o princípio dessas leis (2006a, p. 487).

Para Arendt, segundo Gottsegen (1994, p. 21), a ação política, mais que qualquer elemento da *vita activa*, é capaz de gerar a pluralidade humana. Correia (1997, p. 73) acentua, em relação ao conceito arendtiano de ação:

> *A ação é a única atividade que não é exercida com a mediação das coisas e da matéria, mas diretamente entre os homens. Ela, mais do que qualquer outra atividade, é condição de existência e de permanência de toda a vida política, pois corresponde à condição humana da pluralidade.*

A ação, consequentemente, é essencialmente política, e a esfera política possui nela seu fundamento. Afinal, na perspectiva arendtiana, a ação é o ato que é um fim em si mesmo e, se praticada no domínio público, tal ação é política por definição. Ela é, ainda, livre e gratuita, no sentido de não ser condicionada pela realidade concreta e no sentido de não estar vinculada à satisfação de necessidades materiais, sendo de sua liberdade e gratuidade que ela retira seu caráter transformador, uma vez que, a partir dela, a vontade e a ação humana envolvem a política, transformando-a e atuando como agente histórico.

Toda ação, ainda, é uma forma de discurso. Agindo, estamos atuando de forma necessariamente discursiva, uma vez que toda ação, segundo Arendt (1990, p. 15), é um meio de comunicação:

> *Uma vez que o pensamento político só pode acompanhar as articulações do próprio fenômeno político, ele permanece ligado ao que ocorre no domínio dos assuntos humanos; e esses fatos, em contraposição às questões de ordem física, necessitam de fala e articulação, isto é, de algo que transcenda a mera visibilidade física, bem como a simples audibilidade, a fim de que possam se manifestar.*

A ação, para Arendt (1981, p. 191), existe apenas enquanto discurso: "Sem o discurso, a ação deixaria de ser ação, pois não haveria ator; e o ator, o agente do ato, só é possível se for, ao mesmo tempo, o autor das palavras". Por isso, a ação é distinta da consciência por esta se situar no terreno da subjetividade, ao passo que toda ação – bem como a esfera política por ela fundamentada e na qual é exercida – é, por definição, objetiva: "As deliberações da consciência não são somente apolíticas; são sempre expressas de maneira puramente subjetiva" (ARENDT, 2006b, p. 59).

Para Arendt, toda ação é um início e todo início é uma espécie de milagre, uma vez que um nascimento, para a autora, é um milagre na medida em que renova e altera irreversivelmente o mundo. Assim, Arendt (1981, p. 259) salienta: "O milagre que salva o mundo, a esfera dos negócios humanos, de sua ruína normal e 'natural' é, em última análise, o fato do nascimento, no qual a faculdade de agir se radica ontologicamente".

Segundo Arendt (1993, p. 120), "à transcendência religiosa da crença no milagre corresponde a transcendência, comprovável de modo real, de todo início em relação à conexão de processos no interior da qual esse início irrompe". E toda ação, por corresponder a um início, é uma forma de nascimento; algo que nasce no mundo por intermédio de quem age.

Arendt (2008a, p. 361) assinala:

> *A cada novo nascimento, nasce um novo início no mundo, e nasce potencialmente um novo mundo. A estabilidade das leis, erigindo as fronteiras e os canais de comunicação entre os homens que convivem e agem juntos, cerca esse novo início e, ao mesmo tempo, assegura sua liberdade; as leis salvaguardam a potencialidade de algo inteiramente novo e a existência prévia de um mundo comum, a realidade de certa continuidade transcendente que absorve e é alimentada por todas as origens.*

É a capacidade de agir e, portanto, de nascer e renascer ininterruptamente que define o comportamento humano. É a iniciativa e o poder que dela derivam que transformam a experiência em algo vivo e transformador, o que Stolcke (2002, p. 108) salienta:

> *Arendt apoia a experiência viva como fonte do pensamento e da ação política na antropologia. O poder de iniciativa, de começar algo novo no mundo define a experiência humana. Esta faculdade é por ela denominada de natalidade, aquilo que sempre introduz algo novo no mundo.*

E a ação, por gerar sempre um novo início, é essencialmente arbitrária, não podendo, a princípio, ser anulada a partir de limites opressivos que inviabilizem sua existência – a princípio, apenas, uma vez que o totalitarismo, ao ser bem-sucedido na tentativa executada dentro dos campos de concentração, demonstrou que a ação pode ser suprimida –, o que é enfatizado por Arendt (1990, p. 165):

> *É da própria natureza de um início conter, em seu âmbito, uma certa dose de arbítrio. Além de não estar preso a nenhuma cadeia explícita de causa e feito, uma cadeia na qual cada efeito se transforma imediatamente na causa de futuros desdobramentos, o início parece não ter nada em que se apoiar; é como se ele surgisse de um vazio, fora do tempo e do espaço.*

Por representar um início cujo fim não pode ser previsto, qualquer ação gera ainda um processo interminável e nele se insere: "O processo de um único ato pode prolongar-se, literalmente, até o fim dos tempos, até que a própria humanidade tenha chegado ao fim" (ARENDT, 1990, p. 245).

Como consequência, a realidade derivada da ação torna-se imprevisível e infinitamente complexa: "É da própria natureza de todo novo início o irromper no mundo como uma improbabilidade infinita, e é, contudo, justamente esse infinitamente improvável que constitui de fato a verdadeira trama de tudo que denominamos de real" (ARENDT, 1972, p. 218). A partir desse pressuposto, ela cria uma teoria da ação ao afirmar:

> *Pelo fato de que se movimenta sempre entre e em relação a outros seres atuantes, o ator nunca é simples agente, mas também, e ao mesmo tempo, paciente. Agir e padecer são como as faces opostas da mesma moeda, e a história iniciada por uma ação compõe-se de seus feitos e dos sofrimentos dele decorrentes (ARENDT, 1981, p. 203).*

Para Arendt, os efeitos da ação são imprevisíveis na medida em que, em contradição aos produtos, que podem ser destruídos, a ação não é reversível e sua autoria é anônima. E o intento de substituir a ação pela fabricação remonta aos começos da história, sendo este o intento de construir a vida política como o *homo faber* constrói seus produtos. Consequentemente, a ação é ilimitada em sua consequência e imprevisível em seu resumo. Ela possui um início, mas não possui um fim que possa ser demarcado com precisão. Isso torna patente na obra da autora a extraordinária fragilidade, falibilidade e irreversibilidade dos assuntos humanos. Toda ação, afinal, é processual, pois desencadeia um processo irreversível e incontrolável em sua espontaneidade.

Ressaltando – e mais, celebrando – o caráter espontâneo da ação e de suas consequências, a teoria política arendtiana ganha um sentido anárquico, que vê eventuais restrições à ação no máximo como um mal necessário. A ação não é necessariamente útil, mas sua inutilidade não pode ser vista como algo condenável. Afinal, a definição da utilidade da ação e sua valorização a partir de tal característica traz em si o risco de paralisação de sua espontaneidade, sendo este o risco a ser evitado a qualquer preço.

A ação, em síntese, tem o direito de ser inútil, e é de sua espontaneidade que a ação depende para permanecer viva e livre de vínculos que a paralisem ou a direcionem. Tal conclusão, porém, se torna contraditória, uma vez que, ao mesmo tempo em que a construção e permanência da esfera política são necessárias, é indispensável a construção desses limites, e, a partir deles, a ação deixa de ser mera espontaneidade para se transformar em processo.

Definindo a ação como processo, Arendt (2006a, p. 547) acentua que a mesma, vista como produção, pode apresentar-se como algo completamente volátil, mas, ao contrário, se a considerarmos em si mesma, possui uma grande duração. Porém, ao se transformar em processo, a ação ganha autonomia em relação ao propósito que a gerou, o que é destacado por Arendt (1972, p. 120):

> *A ação humana, projetada em uma teia de relações onde fins numerosos e antagônicos são perseguidos, quase nunca satisfez sua intenção original; nenhum ato pode jamais ser reconhecido por seu executante com a mesma alegre certeza com que uma obra de arte de qualquer espécie será identificada por seu autor.*

A liberdade é, também e intrinsecamente, a liberdade de dizer não. Na década de 1960, Arendt identifica a tradição republicana norte-americana não com o sistema partidário que é, afinal, dela proveniente, mas com a contestação civil: "Minha discussão é que os contestadores civis não são mais que a derradeira forma de associação voluntária, e que deste modo eles estão afinados com as mais antigas tradições do país" (ARENDT, 2006b, p. 85). Trata-se, ainda, de um fenômeno estritamente nacional: "Desobediência civil e associação voluntária são fenômenos praticamente desconhecidos em qualquer outro lugar" (2006b, p. 87).

Arendt (2006b, p. 68), por fim, não deixa de diferenciar:

> *Enquanto a desobediência civil pode ser considerada como uma indicação de perda significativa da autoridade da lei (ainda que dificilmente possa ser vista como sua causa), a desobediência criminosa não é mais que a consequência inevitável da desastrosa erosão da competência e do poder policial.*

A desobediência civil representa, então, uma ação que tem como objetivo exercer a liberdade em oposição ao sistema político vigente. É uma manifestação de liberdade, na medida em que a liberdade é a liberdade de pensar e de influenciar o mundo a partir de ações que expressem o pensamento.

A partir de tal pressuposto, Arendt (1991, p. 39) define a liberdade de expressão como o direito do indivíduo de expressar sua opinião com o objetivo de convencer outras pessoas da validade da mesma, de refletir sobre o mundo que o cerca, portanto, e, a partir de tal reflexão, expressar as suas conclusões. Mas o que acontece quando tal reflexão ignora o mundo?

> *Se o pensar ricocheteia sobre si mesmo e encontra seu único objeto na própria alma, torna-se* reflexão, *e sem dúvida adquire (desde que permaneça racional) uma semelhança de poder ilimitado, ao mesmo tempo precisamente em que se isola do mundo, se desinteressa deste, entrincheira-se diante do único objeto 'interessante': o próprio interior (ARENDT, 1993, p. 21).*

Arendt pode ser vista, segundo Canovan (1978, p. 6), como uma proeminente teórica da participação democrática e, ao mesmo tempo, como uma elitista de intensidade nietzschiana na defesa que faz da existência de elites aptas a governar.

Seu conceito de democracia não exclui, portanto, a necessidade da existência de elites, bem como de seu domínio, tomando-o mesmo como pressuposto, com o aprofundamento da igualdade e da democratização da participação política favorecendo, segundo

Arendt (1990, p. 201), a corrupção e a degradação da esfera na qual os novos membros são admitidos:

> *A corrupção e a perversão são mais perniciosas e, ao mesmo tempo, mais suscetíveis de ocorrer numa república igualitária do que em qualquer outra forma de governo. Falando esquematicamente, esses males passam a ocorrer quando os interesses particulares invadem o domínio público, isto é, quando eles vêm de baixo, e não de cima.*

O conceito de igualdade sofre um questionamento incisivo por parte da autora e, referindo-se à questão da igualdade, Arendt (*apud* BRIGHTMAN, 1995, p. 170) termina por fazer um inequívoco elogio de seu oposto, ou seja, das sociedades aristocráticas:

> *O principal vício de toda sociedade igualitária é a inveja – o grande vício da sociedade grega livre. E a grande virtude de todas as aristocracias parece-me ser que as pessoas sempre sabem quem são e portanto não se comparam com outras. Essa comparação constante é realmente a quintessência da vulgaridade.*

Cabe à aristocracia, dessa forma, preservar a tradição perante o nefasto desejo de igualdade gerado a partir da esfera social, e se a tradição é vista como algo a ser preservado e cuja perda é pensada em termos de catástrofe, a revolução não é pensada, porém, como o oposto da tradição, uma vez que, segundo Arendt (1972, p. 186), "as revoluções, que habitualmente consideramos como sendo rupturas radicais com a tradição, surgem em nosso contexto como acontecimentos nos quais as ações dos homens ainda se inspiram nas origens dessa tradição, dela haurindo sua maior força". Pelo contrário, a revolução é pensada como renovação e restauração, como retorno a um início visto como ato de fundação. Com isso, segundo Arendt (2006a, p. 378), apenas nas revoluções persiste o sentido dado aos romanos à divindade do início fundador.

A Revolução Americana, segundo a autora, haure sua grandeza do vínculo que soube estabelecer com a tradição, ao que Adler (2007, p. 380) acentua: "A crise do mundo contemporâneo é a seu ver de natureza política. Só o modelo da revolução americana, que soube restabelecer os fios rompidos da tradição e garantir a todos os homens dignidade e grandeza, pode nos ajudar a refletir".

De fato, para Arendt, apenas a Revolução Americana alcançou o objetivo perseguido por todas as revoluções modernas, que é a constituição de um espaço de liberdade, atualmente transformado em um grande Estado moderno. Ela, portanto, foi e permaneceu constitucional e, mais do que isso, foi universal em seus propósitos e em seus princípios. Por isso, o que é especificamente moderno na Revolução Americana é o fato de esta não ter se limitado a restaurar direitos locais e contingentes, mas, também, ter declarado sua universalidade.

A Revolução Americana, em síntese, surge para a autora como a realização histórica da utopia democrática republicana, e faz isso à medida que consegue concretizar a separação entre esfera política e esfera social idealizada por Arendt. Afinal, para ela, a Constituição Americana permaneceu como um ideal historicamente preservado, em que a liberdade pública foi mantida e a unidade nacional teve como âncora as estruturas das instituições políticas, com as questões sociais sendo mantidas ao largo.

Tal revolução permaneceu, porém, como um modelo tragicamente singular em seu delineamento e em suas consequências históricas e, em relação a estas, Arendt (2008a, p. 252) acentua:

> *A República americana é o único corpo político baseado nas grandes revoluções do século XVIII que sobreviveu a 150 anos de industrialização e desenvolvimento capitalista, foi capaz de lidar com o surgimento da burguesia e resistiu a todas as tentações, apesar dos intensos e indignos preconceitos raciais em sua sociedade, apesar de entrar no jogo da política nacionalista e imperialista.*

E, ao dizer isso, contradiz um pressuposto aceito e defendido por si mesma, para quem não há instituições humanas e revoluções, por mais radicais que sejam, que consigam preservar a liberdade humana a longo prazo (ARENDT, 2007b, p. 174).

E por que isso acontece? Tal fenômeno – único na história das revoluções – se deu a partir do momento em que a Revolução Americana conseguiu sobreviver quando criou instituições que a representaram de forma estável, sendo esse, na perspectiva arendtiana, o objetivo a ser alcançado por todos os movimentos revolucionários. A autora (1990, p. 100) acentua:

> *Nas condições modernas, o ato de instituição se identifica com o delineamento de uma constituição, e a convocação de assembléias constituintes tornou-se, muito apropriadamente, a marca fundamental das revoluções, desde que a Declaração de Independência deu início à elaboração de constituições para cada um dos Estados americanos, um processo que culminou na Constituição da União, o ato de criação dos Estados Unidos.*

Por outro lado, ela salienta:

> *Se as revoluções jamais tivessem lutado por outra coisa além dessa espécie de constitucionalismo, seria como se elas tivessem permanecido fiéis às suas modestas origens, quando ainda podiam ser entendidas como tentativas de restauração dos 'antigos' direitos; mas a verdade é que não foi esse o caso (1990, p. 115).*

Uma revolução é uma ação; como toda ação, é política, e, como toda ação, é espontânea, com sua eclosão não demandando nenhuma preparação específica. Com isso, é a própria figura do revolucionário que se situa à margem da revolução, sendo que não cabe – ou não caberá – ao trabalhador fazer as revoluções, o que é destacado por Arendt (1991, p. 41):

> *Para pior ou para melhor – e penso haver razões tanto para pessimismo quanto para otimismo – a classe realmente nova e potencialmente revolucionária na sociedade consistirá nos intelectuais e no seu poder em potencial, ainda não totalmente compreendido, e que é muito grande, talvez grande demais para o bem da humanidade.*

Arendt (1990, p. 207) ainda ressalta: "O papel que os revolucionários profissionais desempenharam em todas as revoluções modernas foi bastante grande e significativo, mas ele não consistiu na preparação das revoluções".

Toda revolução digna desse nome é, ao mesmo tempo, uma restauração e uma fundação: restauração de padrões definidos como ideais e fundação de uma nova comunidade política. Contudo, Arendt (1987, p. 20) acentua: "No âmbito político, a restauração nunca é um substituto para uma nova fundação, mas será, no máximo, uma medida de emergência que se torna inevitável quando o ato de fundação, chamado revolução, fracassa".

Por outro lado, se a revolução é, também, restauração, chegamos a uma questão colocada por Ricœur (1995, p. 19) em sua análise do pensamento político arendtiano: "Restauração de um espaço político? Mas será que ele existiu historicamente alguma vez? Há um ponto em que a rememoração é também projeção para o futuro".

E chegamos, aqui, a outra questão: o que Arendt entende por revolução? Tomemos a distinção entre revolta e revolução proposta por Octavio Paz (1972, p. 262):

> *Em revolução as idéias de regresso e movimento se fundem na da ordem; em revolta essas mesmas idéias denotam desordem. Assim, revolta não implica nenhuma visão cosmogônica ou histórica: é o seu presente caótico ou tumultuoso. Para que a revolta cesse de ser alvoroço e ascenda à história propriamente dita, deve transformar-se em revolução.*

Tal distinção retoma, em linhas gerais, o conceito arendtiano de revolução, pensado como algo distinto de uma mera rebelião contra um governante qualquer. Tal conceito, afinal, toma como fundamento a ideia de liberdade:

> *Somente onde ocorrer mudança, no sentido de um novo princípio, onde a violência for utilizada para constituir uma forma de governo completamente diferente, para dar origem à formação de um novo corpo político, onde a libertação da opressão almeje, pelo menos, a constituição da liberdade, é que podemos falar de revolução (ARENDT, 1990, p. 22).*

Uma revolução, portanto, só existe enquanto novidade e enquanto novidade libertária, uma vez que um movimento histórico só pode, na perspectiva arendtiana, ser definido como revolucionário quando estiver relacionado com a ideia de liberdade.

E tal conceito gera, ainda, nova questão: o que origina as revoluções? Arendt (2006b, p. 64) afirma:

> *Se a história ensina alguma coisa sobre as causas das revoluções – e ela não ensina muito, mas ensina consideravelmente mais do que as teorias das ciências sociais – será que a desintegração dos sistemas políticos precede às revoluções, que o sintoma claro de desintegração é uma progressiva erosão da autoridade governamental, e que esta erosão é causada pela incapacidade do governo em funcionar adequadamente.*

Uma revolução nunca é feita pelos que sofrem, mas pelos que veem o sofrimento e visam erradicá-lo, o que é acentuado por Arendt (2006b, p. 176): "Se você se atém à história das revoluções, verá que nunca foram os próprios oprimidos e degradados que mostraram o caminho, mas aqueles que não eram degradados e oprimidos e não podiam suportar que outros o fossem".

Mas as conclusões arendtianas são pessimistas. Segundo Arendt, "Hegel pôde, ainda, postular o desenvolvimento histórico 'em termos de movimento dialético em relação à liberdade e, assim, compreender a Revolução Francesa e Napoleão Bonaparte'". São, contudo, ilusões perdidas, uma vez que a história não permite vislumbrar nenhum horizonte de liberdade. Conclui ela, então: "Hoje nada parece mais discutível do que a idéia de que o curso da história esteja, em si e por si mesmo, dirigido à crescente realização da liberdade. Se pensarmos em termos de tendências e correntes, bem mais plausível parece ser o oposto" (ARENDT, 1993, p. 8).

Temos a ser analisada, por fim, a teoria arendtiana do julgamento e, em seus textos inacabados, Arendt, como acentua Kristeva (2001, p. 75), devotou-se ao julgamento como suprema ação política. Contudo, a teoria arendtiana do julgamento nunca foi, como ressalta d'Entrèves (1994, p. 102), desenvolvida de forma tão extensa e sistemática como o foi sua teoria da ação. Ela permaneceu, pelo contrário, contida em esboços e fragmentos, precisamente devido ao caráter inacabado dos textos nos quais foi desenvolvida.

O julgamento, em sua subjetividade, opõe-se à objetividade que define o conceito arendtiano de ação. De fato, julgamentos, para Arendt, são genuinamente subjetivos, referindo-se a temas em relação aos quais verdades objetivas não podem ser elaboradas, mas, apesar disso, eles não podem ser vistos como meramente arbitrários ou como simples questão de preferências. Por outro lado, para a autora, o julgamento é essencial, uma vez que confere sentido à ação.

Contudo, se o julgamento possui características antitéticas em relação à ação, o perdão, com toda a sua conotação religiosa, atua tanto como complemento em relação à ação quanto como limite em relação a seus efeitos que, de outro modo, seriam irreversíveis e ilimitados, uma vez que, sem ele, a vingança e suas consequências poderiam prosseguir indefinidamente. Dessa forma, o julgamento, ressalta Arendt (1987, p. 212), é a abertura para o perdão:

> *Todo julgamento está aberto ao perdão, todo ato de julgar pode se converter num ato de perdão; julgar e perdoar são apenas os dois lados de uma mesma moeda. Mas os dois lados seguem regras diversas. A majestade das leis exige que sejamos iguais – que apenas contem nossos atos e não a pessoa que os cometeu.*

Já a moral e a ação partem de pressupostos incompatíveis, de forma que, segundo Arendt (2006a, p. 541), toda moral fracassa logo que a ação tem início. Isso porque a moral tem como centro o indivíduo, ao passo que a política, como Arendt (2004, p. 220) salienta, se situa no mundo: "No centro das considerações morais da conduta humana está o eu; no centro das considerações políticas da conduta está o mundo".

Arendt (2004, p. 131) ressalta: "A conduta moral, até onde se sabe, parece depender primeiramente do relacionamento do homem consigo mesmo. Ele não deve se contradizer abrindo uma exceção em seu favor, ele não deve se colocar numa posição em que teria de desprezar a si mesmo".

Tal conduta, portanto, refere-se à interioridade, esfera que, para a política, é irrelevante. Por isso, Arendt (2004, p. 162) acentua: "A moralidade diz respeito ao indivíduo na sua singularidade". Desse modo, como ressalta Benhabib (1998, p. 44), Arendt enfatiza a harmonia como uma experiência moralmente relevante, mas sublinha a pluralidade como princípio político *par excelence*, e faz uma separação radical entre considerações morais e espaço político.

A distinção entre moral enquanto esfera ligada ao indivíduo e política enquanto esfera ligada ao mundo é, portanto, feita de modo radical, mas, ao mesmo tempo, o julgamento mantém-nas relacionadas, o que é acentuado por Arendt (2004, p. 84): "As questões morais e legais não são absolutamente idênticas, mas possuem uma certa afinidade, porque ambas pressupõem o poder de julgamento".

O julgamento que possui validade na esfera política, entretanto, é o julgamento público, e não o julgamento pautado pela subjetividade. Mas, quando Arendt aborda o totalitarismo e seus crimes, surge a questão: como julgar o que nunca antes havia existido e, portanto, o que nunca antes havia sido julgado?

II.

Totalitarismo: o conceito e os mortos

1. A novidade radical

Tomarei como ponto de partida uma questão de fundamental importância: o que, na perspectiva arendtiana, torna específico o totalitarismo? Basicamente sua ideia de domínio, definido pela autora como "a dominação permanente de todos os indivíduos em toda e qualquer esfera da vida" (ARENDT, 1989, p. 375).

Assim, "a diferença fundamental entre as ditaduras modernas e as tiranias do passado está no uso do terror não como meio de extermínio e amedrontamento dos oponentes, mas como instrumento corriqueiro para governar as massas perfeitamente obedientes" (1989, p. 26). Além disso, outra diferença essencial deve ser mencionada: enquanto os antigos regimes autoritários contentavam-se em exibir seu poder e em controlar a vida exterior dos governados, a burocracia totalitária estende sua interferência à vida interior dos mesmos:

> *Como resultado desta radical eficiência, extinguiu-se a espontaneidade dos povos sob o domínio totalitário juntamente com as atividades sociais e políticas, de sorte que a simples esterilidade política, que existia nas burocracias mais antigas, foi seguida de esterilidade total sob o regime totalitário (1989, p. 277).*

Arendt (1985, p. 30) distingue, assim, o regime totalitário da ditadura e da tirania:

> *A distinção decisiva entre o domínio totalitário, baseado no terror, e as tiranias e ditaduras, impostas pela violência, é que o primeiro volta-se não apenas contra os seus inimigos mas também contra os amigos e correligionários, pois teme todo o poder, até mesmo o poder dos amigos. O clímax do terror é alcançado quando o Estado policial começa a devorar os seus próprios filhos, quando o carrasco de ontem torna-se a vítima de hoje. É este o momento quando o poder desaparece inteiramente.*

O totalitarismo para Arendt, segundo Fine (2001, p. 110), desafia todo o direito natural e as leis positivas, mas não é desprovido de leis. Canovan (1994a, p. 88), partindo também desse pressuposto, busca precisar melhor como tais diferenças estruturam-se no pensamento da autora. Para ela, a essência da tirania é a ausência de lei e do poder arbitrário. Já no totalitarismo, o exercício do poder não é arbitrário e não pode ser pensado em termos de ausência de leis, nem em termos de interesses pessoais do tirano. Nele, o terror é a essência do sistema, e não um princípio secundário da ação, mas segue leis bem definidas.

De fato, Arendt (1972, p. 134) acentua: "A diferença entre tirania e governo autoritário sempre foi que o tirano governa de acordo com o seu próprio arbítrio e interesse, ao passo que mesmo o mais draconiano governo autoritário é limitado por leis". E, com isso, os princípios que regem o comportamento do líder totalitário são muitos diversos da ausência de princípios presente na arbitrariedade tirânica: "O ditador totalitário, numa aguda distinção diante do tirano, não acredita que é um agente livre com o poder de executar sua vontade arbitrária, e se julga o executor de leis mais altas" (ARENDT, 2008a, p. 365).

O conceito de totalitarismo proposto por Arendt não visa reduzir o incomum à esfera da normalidade, mas, pelo contrário, compreendê-lo como fenômeno absolutamente sem precedentes. E o que significa, para a autora, compreendê-lo? Ela preocupa-se em diferenciar a compreensão do perdão. O que ocorreu é imperdoável desde sempre; é algo, na perspectiva arendtiana, que simplesmente não poderia ter ocorrido, gerando uma ruptura que torna impossível qualquer forma de reconciliação, e por isso ela concorda com a pena de morte imposta a Eichmann no julgamento por ela tomado como base para sua análise da dinâmica totalitária.

O totalitarismo torna-se específico a partir de sua natureza intrinsecamente criminosa, ao passo que tiranos, mesmo quando cometem crimes, não comandam regimes cuja essência é, necessariamente, a realização de crimes. Com isso, surge um regime político cuja especificidade o torna incompreensível aos olhos da teoria política tradicional, o que é acentuado por Arendt (2004, p. 101):

> *O que nem a teoria política da razão de Estado, nem o conceito legal de atos de Estado previram foi a inversão completa da legalidade; no caso do regime de*

> *Hitler, toda a maquinaria do Estado impôs o que são normalmente consideradas atividades criminosas, para usar uma linguagem amena; quase não havia nenhum ato de Estado que, segundo os padrões normais, não fosse criminoso.*

E acrescenta, ressaltando a existência de nuances entre os diferentes regimes totalitários: "Acho justificável, com base em dados factuais, sustentar que moralmente, embora não socialmente, o regime nazista foi muito mais extremo do que o regime de Stálin nos seus piores momentos" (ARENDT, 2004, p. 117).

Na perspectiva de Arendt, mesmo o III Reich, como lembra Aron (1998, p. 262), tornou-se inteiramente totalitário apenas na última fase da guerra. E, efetivamente, a autora (1983, p. 83) acentua: "Somente com a deflagração da guerra, em primeiro de setembro de 1938, é que o Regime Nazista tornou-se abertamente totalitário e criminoso".

O próprio sentido e dimensão dos crimes praticados pelos líderes totalitários ressaltam a especificidade dos regimes por eles comandados. Com isso, Arendt define o surgimento da expressão *crimes contra a humanidade* como a expressão de uma forma radicalmente nova de criminalidade, pois o objetivo desses crimes era não apenas a destruição de pessoas, mas a destruição da própria ideia de humanidade nelas corporificada.

Em carta enviada a Jaspers por ocasião do lançamento de *Origens do totalitarismo*, Arendt (*apud* LAFER, 2005, p. 256) afirma:

> *As religiões tradicionais, enquanto tais, seja o Judaísmo ou o Cristianismo, não têm para mim um significado substancial. Também não penso que podem prover a base de algo tão claramente específico como as leis. O mal se provou mais radical do que se esperava. Em termos objetivos, os crimes modernos não estão tratados nos dez mandamentos.*

Mas não foram apenas as religiões tradicionais que se mostraram impotentes perante a dimensão dos crimes cometidos. Foi também a esfera política que não conseguiu confrontá-los e foi por eles envenenada, na medida em que a previsibilidade que até então a caracterizara foi irremediavelmente abalada, o que é salientado por Arendt (1989, p. 469):

> *A ausência de estrutura do Estado totalitário, o seu desprezo pelos interesses materiais, a sua independência da motivação do lucro e as suas atitudes não-utilitárias em geral contribuíram, mais que qualquer outro elemento, para tornar quase imprevisível a política contemporânea.*

Caracteriza o totalitarismo, ainda, a sua falta de compromisso com a realidade factual, o que leva Arendt (2008a, p. 261) a acentuar em relação aos sistemas totalitários:

> *A insânia destes sistemas não reside apenas em sua premissa inicial, mas em sua própria logicidade, que avança desconsiderando todos os fatos e toda a realidade, a qual nos ensina que jamais podemos atingir a perfeição absoluta em qualquer coisa que façamos.*

E o caracteriza, igualmente, seu empenho em transformar o mundo em sua totalidade. Nesse sentido, Zuben (1989, p. 156) assinala: "A crítica de Hannah Arendt não faz concessões; para ela o totalitarismo é o mundo às avessas enquanto proclama a destruição de tudo aquilo de que a revolução é a inauguração". Mas a pretensão dos sistemas totalitários, por sua vez, é promover a mais radical e a mais terrível das inaugurações.

Como pensar a especificidade do poder totalitário? Arendt (1989, p. 467) afirma:

> *O problema com os regimes totalitários não é que eles joguem a política do poder de um modo especialmente cruel, mas que atrás de suas políticas esconde-se um conceito de poder inteiramente novo e sem precedentes, assim como atrás de sua* Realpolitik *jaz um conceito de realidade inteiramente novo e sem precedentes.*

Foi o fato de este poder independer, segundo Arendt, de fatores materiais, que gerou um impasse nas tentativas de compreender os regimes totalitários, precisamente devido a seu caráter não utilitário e desprendido de interesses materiais:

> *Aqueles que compreendem corretamente a terrível eficiência da organização e da política totalitária tendem a subestimar a força material dos países totalitários, enquanto aqueles que compreendem a esbanjadora incompetência da economia totalitária tendem a subestimar a força material, o potencial de poder que pode ser criado à revelia de todos os fatores materiais (1989, p. 469).*

O poder totalitário caracteriza-se, segundo Arendt (1989, p. 453), pelo segredo e pela invisibilidade: "A única regra segura num Estado totalitário é que, quanto mais visível é uma agência governamental, menos poder detém; e quanto menos se sabe da existência de uma organização, mais poderosa ela é".

Mas o totalitarismo não pode ser pensado unicamente em termos de violência e terror: "Governo algum, exclusivamente baseado nos instrumentos da violência, existiu jamais. Mesmo o governante totalitário, cujo principal instrumento de dominação é a tortura, precisa de uma base de poder – a polícia secreta e sua rede de informações" (ARENDT, 1985, p. 27). Ainda de acordo com a autora (1981, p. 188), "a pluralidade humana, condição básica da ação e do discurso, tem o duplo aspecto de igualdade e diferença". Tendo a diversidade como base, portanto, a ação e o discurso são incompatíveis com a homogeneidade imperante no totalitarismo.

Tal homogeneidade tem como fundamento a negação do que Arendt considera serem as estruturas fundamentais da existência humana. E, para ela, é precisamente o fato de o totalitarismo destruir a possibilidade de existência da ação humana, privando suas vítimas do *status* antropológico de seres humanos, que constitui a especificidade do totalitarismo.

O sistema totalitário, na descrição de Arendt, é aparentemente indestrutível e, ao mesmo tempo, dotado de uma impermanência radical e ordenado a partir de uma racionalidade implacável, mas permeado por uma violência elementar. Isso porque o totalitarismo é avesso à própria ideia de permanência, pregando uma instabilidade que – ela e apenas ela – seria permanente. Dessa forma, a dominação totalitária torna-se completamente inexplicável nos termos de uma natureza humana pensada em termos de estabilidade. E, para Arendt, o homem não é naturalmente bom nem naturalmente mal.

Com isso, por negar qualquer ideia de estabilidade, o totalitarismo destrói um dos pilares da civilização, tal como definido pela autora: "Nenhuma civilização – o artefato humano para abrigar gerações sucessivas – teria sido jamais possível sem uma estrutura de estabilidade que proporcionasse o cenário para o fluxo de mudanças" (ARENDT, 2006b, p. 72).

O totalitarismo, por fim, nega a liberdade. O que seria apenas uma obviedade é um pressuposto desenvolvido por Arendt (2007a, p. 51):

> *O verdadeiro novo e assustador desse empreendimento não é a negação da liberdade ou a afirmação que a liberdade não é boa nem necessária para o homem, e sim a concepção segundo a qual a liberdade dos homens precisa ser sacrificada para o desenvolvimento histórico, cujo processo só pode ser impedido pelo homem quando este age e se move em liberdade.*

Quando o genocídio começou a ser denunciado, houve uma recusa inicial, por parte de muitos, em aceitar a veracidade das denúncias, o que compôs um mecanismo de defesa cuja existência Arendt (1989,

p. 487) descreve: "Durante um tempo considerável, a normalidade do mundo normal é a mais eficaz proteção contra a denúncia dos crimes em massa dos regimes totalitários". E isso por um motivo: "Somos todos tentados a explicar o intrinsecamente inacreditável por meio de racionalização. Em cada um de nós existe um liberal que procura persuadir-nos com a voz do bom senso" (1989, p. 490). Mas ela acrescenta: "O que o bom senso e as 'pessoas normais' se recusam a crer é que tudo seja possível" (1989, p. 491).

O bom senso, enfim, é antes de tudo um obstáculo para a compreensão do totalitarismo e um procedimento absolutamente ineficaz quando utilizado para detê-lo. Por isso, o liberalismo – o sistema político que adota o bom senso como parâmetro – foi incapaz de enfrentá-lo, o que é explicado por Arendt (2008a, p. 306):

> *O liberalismo, a única ideologia que algum dia tentou expressar e interpretar os elementos genuinamente sólidos das sociedades livres, demonstrou tantas vezes sua incapacidade de resistir ao totalitarismo que esse malogro já pode ser incluído entre os fatos históricos de nosso século.*

Qual foi, segundo a pensadora alemã (1981, p. 412), o impacto inicial do genocídio?

> *Na época o próprio horror, na sua nua monstruosidade, parecia não apenas para mim, mas para muitos outros, transcender todas as categorias morais e explodir todos os padrões de jurisdição; era algo que os homens não podiam punir adequadamente nem perdoar.*

Tal reação tornou indispensável que um novo aprendizado tivesse início: "Tivemos de aprender tudo do zero, como que em estado bruto, isto é, sem a ajuda de categorias e regras gerais nas quais incluir as nossas experiências" (ARENDT, 2004, p. 87).

Segundo Arendt (2007a, p. 42), o colapso de 1933 foi político, econômico e ideológico e, ao mesmo tempo, foi o colapso de todo um mundo espiritual. A ruptura representada pelo totalitarismo ajudou a sepultar, portanto, um mundo que já se encontrava em agonia, mas nem por isso a novidade por ele representada foi menos brutal. E essa novidade radical e assustadora – a novidade do totalitarismo – gerou problemas teóricos fundamentais:

> *Não havia tradição filosófica dentro da qual esse mal absoluto pudesse ser compreendido. Só com uma análise dos 'elementos' que se cristalizavam no totalitarismo – superpopulação, expansão e superfluidade econômica, e desenraizamento e deterioração da vida política – esse mal absoluto podia ser iluminado (ARENDT* apud *YOUNG-BRUEHL, 1997, p. 197).*

Não havia, afinal, como ressalta Arendt (2008a, p. 358), padrões comparativos a partir dos quais o totalitarismo pudesse ser situado:

> *O governo totalitário não tem precedentes porque desafia comparações. Ele demoliu a própria alternativa que sustentou as definições da natureza do governo, desde os primórdios do pensamento político ocidental – a alternativa entre os governos de*

> *direito, constitucional ou republicano, e o governo sem direito, arbitrário ou tirânico.*

Por isso, o conhecimento histórico, mesmo em suas vertentes mais pessimistas, foi incapaz sequer de imaginar o que surgiria: "O cerne da questão é que os 'profetas da catástrofe', os pessimistas históricos do final do século XIX e começo do século XX, de Burckhardt a Spengler, foram ultrapassados pela concretude de catástrofes de dimensões e horrores jamais previstos" (2008a, p. 348). E o que surgiu terminou por destruir, como ressalta Arendt (2008a, p. 227), as próprias bases do conhecimento histórico:

> *A história humana nunca conheceu um episódio mais difícil de ser narrado. A monstruosa igualdade na inocência, que é seu tema principal, destrói a própria base em que se produz a história, a saber, nossa capacidade de compreender um acontecimento, por mais distante que estejamos.*

Com isso, o totalitarismo, para Arendt, requer uma nova ciência, e, ainda mais que isso, uma nova narrativa, uma vez que ele significa o fim da política e a universalização da dominação, um processo do qual as narrativas tradicionais não conseguem dar conta.

O conhecimento histórico é, pois, insuficiente para a compreensão do totalitarismo como fenômeno central da política contemporânea. Isso porque "tudo o que sabemos sobre o totalitarismo indica uma terrível originalidade, que nenhum paralelo histórico é capaz de atenuar" (ARENDT, 1993, p. 41).

Tal conhecimento, por sua vez, possui a missão inadiável e primordial de relembrar o acontecido e, nesse sentido, Kohn (2008, p. 25) reitera a fala de Arendt em um seminário ministrado por ela em 1968, do qual ele foi aluno: "Ela nos disse que pensar num acontecimento é relembrá-lo, que 'caso contrário ele é esquecido' e que esse esquecimento compromete o significado do *nosso* mundo".

Mas a questão é ainda mais ampla, já que o totalitarismo é, ao mesmo tempo, causa e consequência da inadequação entre a tradição intelectual do Ocidente e a novidade que ele representa, e da ruptura entre conhecimento e realidade. Arendt (1993, p. 45) conclui, portanto:

> *Os fenômenos totalitários que não podem mais ser entendidos em termos de senso comum e que desafiam todas as regras do juízo 'normal', isto é, basicamente utilitário, são somente as instâncias mais espetaculares do colapso da sabedoria comum que nos foi legada.*

Arendt pensa o totalitarismo em termos de emergência política, o que se deu a partir de quatro fatores:

1. Eliminação de valores políticos e éticos;
2. Erradicação dos fundamentos que os tornaram possíveis;
3. Criação de um universo mental e empírico absolutamente original em termos históricos;
4. Inadequação singular da temática que até então formava o conhecimento político em

relação ao novo evento em toda a sua terrível dimensão.

O totalitarismo, então, é pensado em termos de um sistema político cuja originalidade requer explicações igualmente originais. Ele rompeu a continuidade do tempo histórico, e o conceito de totalitarismo como ruptura é expressamente afirmado por Arendt (1972, p. 54):

> *A dominação totalitária como um fato estabelecido que, em seu ineditismo, não pode ser compreendido mediante as categorias usuais do pensamento político, e cujos 'crimes' não podem ser julgados por padrões morais tradicionais ou punidos dentro do quadro de referência legal de nossa civilização, quebrou a continuidade da História Ocidental. A ruptura em nossa tradição é agora um fato deliberado. Não é o resultado da escolha deliberada de ninguém, nem sujeita a decisão ulterior.*

O próprio fato de ser um fenômeno político sem precedentes – imprevisto e incompreensível, segundo os parâmetros da política tradicional – faz Arendt concluir, segundo Duarte (2001, p. 64), que "o fio da tradição do pensamento político ocidental fora definitivamente rompido e que a compreensão dos eventos políticos do presente teria de prescindir das categorias sociais do passado".

E, mais que uma novidade, o totalitarismo é visto por Arendt, como acentua Souki (2001, p. 129), como uma inversão: "O totalitarismo é, portanto, o mundo invertido, no sentido em que proclama a destruição de toda ação – na significação que Arendt lhe dá de inauguração – e a inversão completa de valores básicos que fundamentam a civilização ocidental".

Na perspectiva de Arendt, a ruptura efetuada pelo totalitarismo se dá, portanto, em termos absolutos, ocorrendo em termos sociais, políticos, lógicos, morais, tornando realidade o que era impensável, destruindo o que era visto até então como permanente e tornado imprevisível o que sempre foi pensado em termos de previsibilidade. Ela criou uma nova realidade a partir do que até então era desconhecido, tornando anacrônico o que até então era consensual.

A ruptura representada pelo totalitarismo requer, por fim, não o retorno – afinal, impossível – a um passado que foi por ele liquidado, mas a tarefa de reconstruir em novas bases os valores que esse passado nos legou. Arendt não se preocupa em tornar possível o retorno a quadros mentais e esquemas de compreensão que um dia foram válidos. Seu objetivo é pensar como tornar novamente viáveis os valores e condições de vida que o totalitarismo inviabilizou a partir de sua própria existência. Essa é a possibilidade capaz de conferir nova dignidade à ação humana, sendo tal possibilidade, acima de tudo, o que importa à autora.

Mas o que, afinal, transformou o totalitarismo em uma novidade tão radical? Não é apenas a violência inaudita por ele empregada, e sim o projeto delineado pelos líderes totalitários de criar um mundo no qual os elementos da política – o discurso, a ação política – estivessem inteiramente ausentes, o que permitiria o estabelecimento de um consenso e uma uniformidade absolutos; o oposto, portanto, do ideal político arendtiano. A novidade representada pelo totalitarismo reside no seu projeto – a utopia totalitária – e na forma obsessiva, genocida, com que se buscou implantá-la.

2. O terror e a utopia totalitária

O totalitarismo é um regime que só ganha viabilidade se implantado em grande escala, inclusive em termos populacionais, uma vez que "somente onde há grandes massas supérfluas que podem ser sacrificadas sem resultados desastrosos de despovoamento é que se torna viável o governo totalitário, diferente do movimento totalitário" (ARENDT, 1989, p. 361). Além disso, tal movimento tem como motor uma utopia.

De fato, o totalitarismo, acentua Arendt (1989, p. 514), é utópico, possuindo como utopia nada menos que a criação de uma nova humanidade: "Espera que a lei da Natureza ou a lei da História, devidamente executada, engendre a humanidade como produto final; essa esperança – que está por trás da pretensão do governo global – é acalentada por todos os governos totalitários".

Um paradoxo, porém, reside no núcleo desse projeto movido pelo horror, uma vez que tanto seu núcleo quanto o projeto consistem em uma noção de felicidade pública. E a felicidade pública idealizada pelos líderes totalitários consiste na criação de um mundo enfim purificado não apenas dos inimigos do regime – categoria extremamente ampla, que poderia incluir judeus, burgueses ou o que mais fosse definido como tal –, mas, também, dos inimigos da humanidade, definidos como tais pelos líderes totalitários.

Tal destruição é infindável, o que pressupõe um movimento permanente, e mesmo quando plenamente instalado, o totalitarismo permanece atrelado à ideia de movimento, de expansão, de forma que a estabilidade seria seu fim; interromper o processo de dominação de novos povos, novas terras, seria sua ruína. Eis a essência do totalitarismo, o que leva Arendt (1989, p. 442) a concluir:

> *A luta pelo domínio total de toda a população da terra, a eliminação de toda realidade rival não-totalitária, eis a tônica dos regimes totalitários; se não lutarem pelo domínio global como objetivo último, correm o sério risco de perder todo o poder que porventura tenham adquirido.*

Daí, ainda, o caráter transnacional do totalitarismo: "E a pura verdade é que o movimento totalitário toma o poder no mesmo sentido em que um conquistador estrangeiro ocupa um país que passa a governar em benefício de terceiros" (1989, p. 466). Não por acaso, comunismo e antissemitismo foram, segundo Arendt (1989, p. 61), os únicos movimentos proclamados como internacionais no século XX.

Arendt (1989, p. 23) acentua: "Os nazistas não eram meros nacionalistas. Sua propaganda nacionalista era dirigida aos simpatizantes e não aos membros convictos do partido". E, a partir daí, ela conclui:

> *Apenas quando o fascismo é compreendido como um movimento internacional e antinacional torna-se possível entender porque os nazistas, com uma frieza ímpar e sem se deixar desviar por qualquer sentimento nacional ou escrúpulo humano em relação ao bem-estar de seu povo, permitiram que sua terra natal se transformasse num matadouro (ARENDT, 2008a, p. 173).*

O totalitarismo gera, portanto, uma realidade inteiramente nova, e as origens desse pesadelo precisam ser compreendidas. Assim, o objetivo ao qual ela se dedica em seu livro fundamental sobre o tema é o estudo do totalitarismo, esmiuçando-o, com vistas à compreensão de suas especificidades.

Arendt, assim, estuda as origens do totalitarismo e afirma sua originalidade. Ele nasce da expansão do antissemitismo e é uma novidade em relação aos fatores históricos que o originaram, deles se diferenciando, como, aliás, de todos os fenômenos históricos que o antecederam. No caso do imperialismo britânico, por exemplo, tais elementos já estavam reunidos:

> *Sob o nariz de todos estavam muitos dos elementos que, reunidos, podiam criar um governo totalitário à base do racismo. Burocratas indianos propunham*

> *'massacres administrativos', enquanto funcionários africanos declaravam que 'nenhuma consideração ética, tal como os Direitos do Homem, poderá se opor' ao domínio do homem branco (ARENDT, 1989, p. 121).*

Arendt é uma crítica acerba do nacionalismo, de sua essência e de suas consequências. Segundo ela, o nacionalismo torna-se cruel na medida em que confia apenas na força rude da nação (ARENDT, 2007b, p. 344), e o nacionalismo, para a autora (2007b, p. 225), produz sempre a mesma história: qualidades e tarefas humanas genéricas são proclamadas monopólio de um povo em particular, que se julga como escolhido para administrar valores genéricos.

Arendt (2008a, p. 235) ainda acentua: "A realidade política fundamental de nossa época é determinada por dois fatores: de um lado, ela se baseia em 'nações' e, de outro, está constantemente afetada e ameaçada de ponta a ponta pelo 'nacionalismo'". E acrescenta: "O Estado conquistado pela nação se tornou o indivíduo supremo, perante o qual todos os outros indivíduos deviam se curvar" (2008a, p. 237). Portanto, o nacionalismo é definido, basicamente, como um fenômeno nefasto.

Por outro lado, a existência de nacionalidades é fundamental para a proteção dos direitos de seus membros; por isso, a crise do Estado-nação registrada a partir de 1914 é vista como um dos fatores que viabilizaram, em médio prazo, o surgimento do totalitarismo, antinacionalista por definição.

Na perspectiva arendtiana, a soberania nacional enquanto protetora dos direitos humanos se desintegrou a partir de 1914. Entretanto, por que isso ocorreu? Arendt (1989, p. 303) afirma:

> *As modernas condições do poder, que, exceto para os Estados gigantes, transformam a soberania nacional em pilhéria, junto com o advento do imperialismo e dos movimentos de unificação étnica, foram fatores externos que solaparam a estabilidade do sistema europeu de Estados-nações.*

Isso se deu, portanto, na medida em que, segundo Arendt (1981, p. 269), a expansão imperialista minou as bases do Estado-nação:

> *Do mesmo modo como a família e a propriedade de uma família foram substituídas pela participação numa classe e por um território nacional, as sociedades circunscritas pelos estados nacionais começam a ser substituídas pela humanidade, e o planeta substitui o restrito território do Estado.*

Imperialismo e Estado-nação, para a pensadora (1989, p. 157), são conceitos incompatíveis, uma vez que "a nação concebe as leis como produto da sua substância nacional, que é única. E não é válida além dos limites do seu próprio território, não correspondendo aos valores e anseios dos outros povos". Da mesma forma, nacionalismo e Estado-nação são conceitos igualmente incompatíveis, a partir da definição que Arendt (1989, p. 262) nos dá do primeiro: "Em sua essência, o nacionalismo é a expressão dessa perversa transformação do Estado em instrumento da nação e da identificação do cidadão com o membro da nação".

Arendt (1989, p. 173) acentua:

> *Quando o acúmulo de poder atingiu seus naturais limites nacionais, a burguesia percebeu que somente com uma ideologia de expansão e somente com um processo econômico que refletisse o acúmulo de poder seria possível colocar novamente o poder em funcionamento.*

Ainda segundo Arendt (1989, p. 168), "a burguesia, que durante tanto tempo fora excluída do governo pelo Estado-nação e, por sua própria falta de interesse, das coisas públicas, emancipou-se politicamente através do imperialismo".

Sua ascensão, contudo, trouxe consigo a ralé, que se aliou ao capital que, assim como ela, não tinha um papel a cumprir no contexto das estruturas nacionais. Arendt (1989, p. 180), então, salienta: "O fato novo da era imperialista foi que essas duas forças supérfluas – o capital supérfluo e a mão-de-obra supérflua – uniram-se e, juntos, abandonaram seus países". E acrescenta: "A aliança entre a ralé e o capital está na gênese de toda política imperialista" (1989, p. 184).

A partir de tal distinção torna-se possível entender como, na perspectiva da autora, o imperialismo desvirtuou e degradou a ação política. Nele, "a força tornou-se a essência da ação política e o centro do pensamento político quando se separou da comunidade política a qual devia servir" (1989, p. 167).

Degradando a política, o imperialismo abriu espaço ao totalitarismo, no qual os requisitos para a ação política primam pela ausência.

A expansão imperialista, na perspectiva arendtiana, situa-se na gênese da ideologia totalitária, baseada na apologia e na necessidade de expansão ininterrupta. Isso ocorreu a partir da criação de um novo tipo de homem, capaz de se ajustar a esse processo ao se situar à margem das leis até então existentes, após defini-las como meros entraves ao processo histórico do qual ele – e apenas ele – é o agente sobre a terra. Trata-se de um processo cujo fim é o domínio absoluto, ou seja, algo que jamais poderá ser alcançado.

Tal fim é imperialista no sentido da criação de um império universal e, transformando a violência em objetivo consciente do corpo político e em alvo final de qualquer ação política definida, a política imperialista transformou-se em um dos pilares do totalitarismo, isso "Porque a força sem coibição só pode gerar mais força, e a violência administrativa em benefício da força – e não em benefício da lei – torna-se um princípio destrutivo que só é detido quando nada mais resta a violar" (ARENDT, 1989, p. 167). Do uso ilimitado da força, em síntese, nasce o terror, instrumento de concretização da utopia totalitária.

A especificidade do terror, tal como praticado pelo totalitarismo, não se encontra presente de imediato em sua obra, tanto que, escrevendo em 1942, Arendt (2007b, p. 179) salienta que a máquina de terror criada por fascistas como Franco, Hitler, Mussolini e Laval não se distingue da máquina de guerra voltada contra outros povos. Aqui não há ainda o que distinga o terror nazista do terror empregado por outros governantes, mas a especificidade do terror totalitário logo se transformaria em um dos fundamentos da análise do totalitarismo empreendida pela autora. E como ele surgiu?

O terror, para Arendt, apenas conclui um processo de atomização iniciado muito antes de sua implementação. O ano de 1917 é situado como o ponto de partida dos movimentos totalitários: "O terror, como instrumento institucional, utilizado para acelerar o *momentum* da revolução, era desconhecido antes da Revolução Russa" (ARENDT, 1990, p. 79). Mesmo a comparação com a Revolução Francesa carece de sentido: "O terror da virtude de Robespierre foi, com efeito, bastante terrível, mas permaneceu dirigido contra um inimigo e um vício ocultos. Não foi conduzido contra o povo que, mesmo do ponto de vista do dirigente revolucionário, era inocente" (1990, p. 79).

Partindo da atomização, o totalitarismo criou uma nova forma de solidão. Para compreendê-la, vejamos como Arendt (1989, p. 528) a define: "Solidão não é estar só. Quem está desacompanhado está só, enquanto a solidão se manifesta mais nitidamente na companhia de outras pessoas". E acentua: "As tiranias se baseiam na única experiência fundamental na qual estou totalmente só, que é estar impotente (como Epicteto definiu a solidão), incapaz de angariar a ajuda de meus semelhantes" (ARENDT, 2008a, p. 117).

Já o governo baseado no terror é diferente, para Arendt, do governo baseado no medo que caracteriza as tiranias, uma vez que o terror não fica satisfeito com a exploração da experiência humana de radical solidão e impotência que caracteriza as tiranias, buscando eliminar não apenas a liberdade pública, mas a liberdade enquanto tal. Ainda assim, há outras características que o definem.

Uma delas é a lógica da ideologia que visa justificá-lo, cuja existência Arendt (2008a, p. 232) acentua: "Um dos aspectos mais medonhos do terror contemporâneo é que, sejam quais forem seus verdadeiros motivos ou objetivos, ele aparece invariavelmente sob os traços de uma conclusão lógica inevitável, extraída de alguma teoria ou ideologia".

Com isso, o terror age em função do movimento gerado pela ideologia e torna-se desumano – no sentido estrito da palavra – por sobrepor tal ideologia aos interesses e necessidades humanos: "O terror total, a essência do regime totalitário, não existe a favor nem contra os homens. Sua suposta função é proporcionar às forças da natureza ou da história um meio de acelerar o seu movimento" (ARENDT, 1989, p. 518). Dessa forma, o terror totalitário, como acentua Abensour (1999, p. 498), segue a lógica de um processo ideológico:

> *O terror, essência, natureza do regime totalitário, já é pensado e descrito como um processo. Ora, o que*

> *vale para o terror vale, com mais razão ainda, para a ideologia. O imperialismo do movimento lança seu domínio sobre a essência do regime e sobre seu princípio: de certo modo, ele dinamiza a essência e reduz o princípio de ação à simples categoria de princípio do movimento.*

Outra característica do terror totalitário é o fato de ele ser necessariamente e essencialmente ilimitado: "O terror não tem fim, e por questão de princípio com tais regimes não pode haver paz" (ARENDT, 2008a, p. 322). Por fim, sua utilização não pode ser pensada em termos da tradicional eliminação de inimigos políticos que caracteriza as tiranias, o que é acentuado por Arendt (2008a, p. 325): "O terror totalitário só pode ser livremente usado no momento em que o regime está seguro de que, após uma onda do mais extremo terror, realmente se tornou impossível qualquer tipo de oposição". O terror totalitário não visa, então, meramente defender o regime: o terror totalitário é a essência do regime.

Caracteriza o totalitarismo, portanto, a busca incansável por inimigos a serem destruídos e por minorias a serem liquidadas pelo simples fato de existirem. Funcionou como ponto de partida de tal processo o fato de as minorias europeias terem sido definidas como comunidades religiosas e culturais, não como nacionalidades, sendo que essa foi, para Arendt, a fatalidade política europeia.

Os membros dessas comunidades foram transformados em párias, vistos como anômalos em termos políticos, com sua existência passando a funcionar como justificativa para os problemas políticos de sua época, quando tais comunidades eram as vítimas preferenciais – e não as causas – do contexto em que viviam. Elas foram as vítimas dessa ambiguidade, se transformando em hordas de refugiados.

Segundo Arendt (2007b, p. 212), a impopularidade dos refugiados tem menos a ver com seus comportamentos e mais com seu ambíguo *status* legal. E tal ambiguidade surge do fato de, desde a década de 1920, quase todos os estados europeus abrigarem grandes massas de pessoas que não possuíam direito de residência nem proteção consular de qualquer espécie, sendo, portanto, grupos de párias modernos.

Esses grupos constituem um fenômeno histórico recente, com nenhuma categoria ou arranjo legal elaborado no século XIX aplicando-se a eles (2007b, p. 128), sendo que Arendt (2007b, p. 232) os define como o mais óbvio produto de trinta anos de guerras europeias e guerras civis, e afirma ser o real obstáculo para a resolução do problema o fato deste simplesmente ser insolúvel à medida que os povos se organizam a partir do velho sistema de Estados-nações (2007b, p. 235).

A incompreensão que cercou a figura do pária é ressaltada por Arendt (1989, p. 312):

> *Nenhum paradoxo da política contemporânea é tão dolorosamente irônico como a discrepância entre os esforços de idealistas bem-intencionados, que persistem teimosamente em considerar 'inalienáveis' os direitos desfrutados pelos cidadãos dos países civilizados, e a situação dos seres humanos sem direito algum.*

Essa incompreensão perante a ruptura representada pela emergência do pária anteciparia a incompreensão perante a ruptura representada pelo totalitarismo.

Lafer (1991, p. 167) salienta: "O problema dos seres humanos supérfluos, que Hannah Arendt coloca, na sua análise da cidadania, põe-se acima das nações e dos estados". O pária, de fato, é supérfluo perante o Estado-nação e perante a sociedade. E antecipa, com isso, a condição que seria imposta às vítimas do totalitarismo, o que é assinalado por Arendt (1989, p. 329): "O importante é que se criou uma condição de completa privação de direitos antes que o direito à vida fosse ameaçado". E, por isso, o surgimento da figura do pária abriu caminho, segundo Arendt (1989, p. 498), para a dominação totalitária: "O primeiro passo essencial no caminho do domínio total é matar a pessoa jurídica do homem".

Arendt (2006b, p. 78) afirma: "Todo homem nasce membro de uma comunidade particular e só pode sobreviver se nela é bem-vindo e se sente à vontade". Assim, para a autora (2007b, p. 271), o ser humano é um animal social e, por isso, não é fácil para ele ter seus laços sociais cortados, sendo que poucos indivíduos conseguem manter sua integridade quando seu *status* político, social e legal tornam-se totalmente confusos.

É precisamente tal ruptura que é gerada pela condição de pária, uma vez que, para Arendt, como acentua Hayden (2009, p. 55), a condição de apátrida representa a ausência de um lugar específico no mundo, a perda do lar, da ocupação, do idioma, da família e de direitos, gerada pela privação do *status* político e legal. Dessa privação nasce o perigo para o qual Arendt (1989, p. 335) alerta: "O grande perigo que advém da existência de pessoas forçadas a viver fora do mundo comum é que são devolvidas, em plena civilização, à sua elementaridade natural, à sua mera diferenciação". A condição de pária antecipa, portanto, a utopia totalitária.

Lafer (2005, p. 260) assinala:

> *Devo dizer que não há, na reflexão de Hannah Arendt, a idéia do 'pariasismo' que, como um 'obreirismo', seria uma forma de identidade coletiva. Assim, na construção da categoria política do pária, existe a hipótese de que a sua situação, neste sentido, instiga um pensamento que tem a coragem individual de julgar sem apoio em uma tradição constituída.*

Foi essa falta de apoio que caracterizou a trajetória da autora. No momento em que ela se viu privada da cidadania alemã, segundo Wolin (2001, p. 48), transformou-se em ilusão para Arendt a crença na existência da cultura germânica como uma esfera na qual as pessoas seriam julgadas mais por seu mérito do que por sua etnicidade.

Sentir-se pária, ou ser pária, marcou indelevelmente o pensamento e a trajetória de Arendt, que, de uma forma ou de outra, jamais abandonou de todo essa condição. É a partir de sua condição de pária, vivida na condição de judia, de apátrida e, também, de mulher, que sequer a consagração relativizou, que ela lançou um olhar de estranhamento sobre a tradição ocidental, constatando, por exemplo, sua inadequação como meio de explicação do fenômeno totalitário.

Arendt, como acentua Baier (1997, p. 332), nunca se definiu como feminista e, provavelmente, nunca tentou ser definida como tal. Já segundo Santalices (2001, p. 128), ela estava consciente de ser, também enquanto mulher, uma pária, uma exceção, e não estava disposta a ver com agrado tal situação. Arendt, de fato, sempre esteve muito longe de militar entre as feministas, mas sempre esteve atenta, pessoalmente, a qualquer forma de preconceito.

A análise do totalitarismo empreendida pela autora toma como base a existência de uma sociedade caracterizada pela atomização, mas tal pressuposto é eminentemente conservador, efetuando uma rígida distinção entre hierarquia e igualdade social e fazendo o elogio da ordem hierárquica.

É um pressuposto derivado de uma teoria social conservadora, com seus fundamentos podendo ser encontrados nas obras de Tarde, Le Bon e Ortega y Gasset, entre outros, mas também na sociologia comteana e durkheimiana, a partir da descrição de um indivíduo desintegrado em meio à massa que usurpou sua identidade. Tal indivíduo, sendo dominado por ela, busca nela integrar-se em busca da identidade que lhe foi tomada participando da rebelião das massas, em meio à qual esconde a sua responsabilidade e se vê livre do fardo de sua autonomia.

Esse é, porém, um dos pontos da análise arendtiana mais criticados e mais questionáveis por fundamentar-se em teorias sociais de cunho conservador já amplamente desacreditadas, e que descrevem as multidões, nas sociedades contemporâneas, como massas de agregados, em oposição às sociedades aristocráticas e hierárquicas que são, assim, idealizadas como uma espécie de bom velho tempo.

Canovan (1978, p. 9) também menciona a grande influência exercida sobre a autora de teorias sobre a sociedade de massas de caráter nitidamente conservador e, ainda, um certo desdém pelo homem do povo presente em seu pensamento. De fato, na análise que Aron faz do caso Dreyfus, há um excesso, para o autor (1998, p. 252), de racionalização, por um lado, e de desprezo pelo simples mortal, por outro. Aschheim (1997, p. 124), por fim, ressalta igualmente tal linha de continuidade ao lembrar ser o conceito de totalitarismo em Arendt baseado em uma ideia de atomização social derivada de um modelo de sociedade de massas quase universalmente rejeitado e inspirado em uma conservadora teoria social europeia.

É nítido, enfim, o caráter aristocrático e conservador de seu pensamento. Todavia, o republicanismo da autora, por outro lado, soube acentuar a importância de preservar determinadas tradições políticas que devem funcionar como alicerces de uma democracia a ser vista em estado de permanente construção.

O processo de atomização social que marcou o século XX é visto por Arendt, portanto, como o fator básico para o surgimento e consolidação do totalitarismo ao gerar as multidões desorientadas e compostas por indivíduos isolados e desmoralizados que formariam a base do sistema, fornecendo seus adeptos, seus soldados e seus carrascos.

Tais indivíduos formam a ralé, que é pensada pela autora em um sentido político, e não em um sentido econômico. É como Arendt (1989, p. 129) a define: "A ralé é fundamentalmente um grupo no qual são representados resíduos de todas as classes. É isso que torna tão fácil confundir a ralé com o povo, o qual também compreende todas as camadas sociais".

A ralé forma, portanto, um aglomerado de indivíduos atomizados pelo qual Arendt sente inequívoco desprezo. Porém, não é apenas a existência da ralé, mas também a existência das massas que permite o triunfo do totalitarismo, já que este possui também nelas a sua base, o que é acentuado por Arendt (1989, p. 358):

> *Os movimentos totalitários objetivam e conseguem organizar as massas – e não as classes, como o faziam os partidos de interesses dos Estados nacionais do continente europeu, nem os cidadãos com suas opiniões peculiares quanto à condução dos negócios públicos, como o fazem os partidos dos países anglo-saxões.*

Há, porém, o outro lado da moeda, que Arendt (1989, p. 376) igualmente ressalta:

> *O que perturba os espíritos lógicos mais que a incondicional lealdade dos membros dos movimentos totalitários e o apoio popular aos regimes totalitários é a indiscutível atração que esses movimentos exercem*

sobre a elite e não apenas sobre os elementos da ralé da sociedade.

A autora também busca explicar como e porque tal convergência se deu: "A perturbadora aliança entre a ralé e a elite e a curiosa coincidência das suas aspirações originam-se do fato de que essas duas camadas haviam sido as primeiras a serem eliminadas da estrutura do Estado-nação e da estrutura da sociedade de classes" (ARENDT, 1989, p. 387). Por fim, a ralé e as massas são diferenciadas no âmbito do movimento totalitário: "Somente a ralé e a elite podem ser atraídas pelo ímpeto do totalitarismo; as massas têm de ser conquistadas por meio da propaganda" (1989, p. 390).

Os movimentos totalitários caracterizam-se, segundo Arendt (1989, p. 373), pela atomização e isolamento de seus membros e pela exigência de lealdade absoluta deles requerida: "Essa exigência é feita pelos líderes dos movimentos totalitários mesmo antes de tomarem o poder e decorre da alegação, já contida em sua ideologia, de que a organização abrangerá, no devido tempo, toda a raça humana".

Na perspectiva arendtiana, por fim, o totalitarismo busca reverter as consequências do próprio processo que o gerou, fazendo com que o indivíduo atomizado busque, no âmbito do movimento, as garantias e certezas de cuja destruição o movimento foi causa e consequência, evitando a incerteza na qual se encontra imerso a partir da adoção de certezas que considera inquestionáveis e certezas que o embalem no isolamento que é a sua condição.

De que deriva tal isolamento? Sua origem reside na desagregação da esfera pública a partir de sua invasão por atividades e interesses até então restritos à esfera privada, fazendo com que o indivíduo isolado chegue à esfera pública a partir de seu isolamento, não a partir do diálogo.

Nasce, também, da desintegração das classes sociais que formavam a antiga estrutura social, que se mostram incapazes de dar ao indivíduo um lugar no mundo, mantendo-o apenas em sua condição solitária de átomo social. E a única alternativa viável, para Arendt, deve surgir da reconstituição da esfera pública em processo de eclipse. Trata-se de resgatá-la a partir da valorização da ação política que não mais encontra espaço sob o domínio do totalitarismo e de suas massas supérfluas, mudas e desintegradas.

A conclusão da análise arendtiana, portanto, é nítida: o terror é o fundamento do totalitarismo, enquanto a ação é o fundamento da política. O terror visa suprimir a ação por esta ser livre por natureza. E é a dualidade entre terror e ação que fundamenta a teoria política elaborada por Arendt.

O totalitarismo, afinal, opõe-se à política. Na análise que Lefort (1991, p. 67) faz do pensamento arendtiano, a conclusão, aparentemente, é outra. Para ele, "o totalitarismo é, ao que parece, um regime no qual tudo se apresenta como político: o jurídico, o econômico, o científico, o pedagógico". Mas ele próprio destaca: "Se não existe fronteira entre a política e a não-política, a própria política desaparece, pois a política sempre implicou uma relação definida entre os homens, relação esta regida pela exigência de responder a questões que põem em jogo a sorte comum".

A oposição entre totalitarismo e política explica o mundo contemporâneo. Arendt (2008a, p. 295) afirma: "O que interessa é que o totalitarismo como a questão central de nossa época só faz sentido caso se admita que todos os outros males do século mostram uma tendência a se cristalizar naquele mal supremo e radical que chamamos de governo totalitário".

A política, nesse contexto, surge, em oposição, como o bem supremo a ser preservado. Porém, ela se encontra sob a ameaça dos mesmos fatores que geraram o totalitarismo, o que é salientado por Arendt (2008a, p. 379):

> *O perigo que o totalitarismo desnuda diante de nossos olhos – e esse perigo, por definição, não será superado pela simples vitória sobre os governos totalitários – brota do desenraizamento e estranhamento do homem no mundo, e podemos chamá-lo de perigo do isolamento e da superfluidade.*

Para melhor compreendermos o totalitarismo, na perspectiva de Arendt, podemos contrastá-lo com o que seria politicamente o seu oposto, ou seja, o governo constitucional tal como definido por ela: "O que hoje entendemos por governo constitucional, não importa se de natureza monárquica ou republicana, é, em essência, um governo controlado pelos governados, restringido em suas competências de poder e em sua aplicação de força" (ARENDT, 2006b, p. 75).

Temos, assim, uma definição na qual a autora expressa seu ideal político, que não deve, porém, ser pensado em termos de governo do povo, o que fica claro quando tomamos a dicotomia por ela estabelecida: "Se a tirania pode ser definida como a tentativa sempre frustrada de substituir o poder pela violência, a oclocracia (o governo da multidão), seu exato oposto, pode ser definida como a tentativa, muito mais promissora, de substituir o poder pela força" (ARENDT, 1981, p. 215).

E como seria um mundo totalitário, ou seja, um mundo no qual as relações de poder se limitariam à dualidade entre dominantes e dominados?

> *Sob tal ponto de vista, conseguiríamos, em lugar da abolição da política, uma forma de dominação despótica e ampliada ao extremo, no qual o abismo entre dominadores e dominados assumiria dimensões tão gigantescas que não seria mais possível nenhuma rebelião, muito menos alguma forma de controle dos dominadores (ARENDT, 2007a, p. 26).*

O totalitarismo torna corresponsáveis todos os que participam da cena política. Segundo Arendt (2004, p. 96), "apenas aqueles que se retiraram completamente da vida pública, que recusaram a responsabilidade política de qualquer tipo, puderam evitar tornar-se implicados em crimes, isto é, puderam evitar a responsabilidade legal e moral". Mas é característica, afinal, da atividade política tornar responsáveis a todos os que, de uma forma ou de outra, dela participam:

> *Só podemos escapar dessa responsabilidade política e estritamente coletiva abandonando a comunidade, e como nenhum homem pode viver sem pertencer a alguma comunidade, isso significaria simplesmente trocar uma comunidade por outra, e assim um tipo de responsabilidade por outro (2004, p. 217).*

E, se há a culpa, há, também, a compreensão. Esta não elimina a culpa, nem é esse o seu objetivo, uma vez que a culpa permanece indelével, mas a compreensão permite a reconstrução. Segundo Arendt (2006a, p. 306), a compreensão é a outra face da ação, ou seja, a atividade que a acompanha. A partir dela se torna possível a reconciliação com o mundo no qual se atua como ser particular, e esse pressuposto é plenamente válido para o mundo que emergiu do totalitarismo e para o que sobreviveu a ele.

Arendt (2008a, p. 331) acentua:

> *A compreensão começa com o nascimento e termina com a morte. Na medida em que o surgimento dos governos totalitários é o acontecimento central de nosso mundo, compreender o totalitarismo não é desculpar nada, mas nos conciliar com um mundo onde tais coisas são possíveis.*

Por outro lado, a autora (2008a, p. 336) questiona:

> *Mas, se é verdade que estamos diante de algo que desintegrou nossas categorias de pensamento e critérios de julgamento, a tarefa de compreender não terá se tornado impossível? Como podemos medir o comprimento se não temos um metro, como podemos contar as coisas se não temos a noção do número? Talvez seja até absurdo pensar que possa acontecer*

> *algo que nossas categorias não estejam aptas a compreender.*

Mas a culpa permanece e permanecerá, e é fundamental dimensioná-la, refletir sobre ela e compreendê-la. É o que Correia (2004, p. 93) acentua:

> *Para Hannah Arendt é importante distinguir esta culpa e responsabilidade, tanto porque muitos se sentem culpados sem terem qualquer envolvimento, como por muitos serem responsáveis e se sentirem culpados – enquanto os efetivamente responsáveis que se sentem culpados são muito poucos.*

A noção de responsabilidade coletiva é refutada a partir do pressuposto de sua transformação em responsabilidade universal, no âmbito da qual ninguém é efetivamente culpado. Existem, então, indivíduos culpados, mas a existência de um povo culpado, ou de um povo inocente, segundo Arendt (2004, p. 91), não faz sentido: "Não existem coisas como a culpa coletiva ou a inocência coletiva. A culpa e a inocência só fazem sentido se aplicadas aos indivíduos".

O conceito de culpa coletiva, para Arendt (2004, p. 214), é apenas um subterfúgio: "Quando somos todos culpados, ninguém o é. A culpa, ao contrário da responsabilidade, sempre seleciona, é estritamente pessoal. Refere-se a um ato, não a intenções ou potencialidades". E, por fim, a autora (2004, p. 83) acentua em relação à "culpa coletiva" dos alemães:

> *Basta colocar a cristandade ou toda a raça humana no lugar originalmente reservado à Alemanha para perceber, ou assim poderia parecer, o absurdo*

> *do conceito, pois agora até mesmo os alemães deixaram de ser culpados: a culpa não é de ninguém individualmente, mas do conceito de culpa coletiva.*

Tampouco a existência de uma identidade nacional a ser responsabilizada pelos crimes que foram cometidos é levada em consideração. Arendt (2008a, p. 140), então, salienta:

> *O verdadeiro problema não está no caráter nacional alemão, e sim na desintegração desse caráter ou, pelo menos, no fato de não mais desempenhar papel algum na política alemã. Pertence ao passado, tal como o nacionalismo ou o militarismo alemão. Não será possível ressuscitá-lo copiando lemas de livros velhos nem adotando medidas políticas extremas.*

Ademais, ressalta os riscos inerentes à associação entre a liderança nazista e a identidade alemã. Segundo Arendt (2008a, p. 136), "todas as tentativas de identificar Hitler com a história alemã só pode levar à gratuita atribuição da respeitabilidade nacional ao hitlerismo e à sanção de uma tradição nacional". Mas como pensar, então, o papel da liderança no sistema totalitário?

A figura do líder está no centro do regime totalitário: "O caráter totalitário do princípio de liderança advém unicamente da posição em que o movimento totalitário, graças à sua peculiar organização, coloca o líder, ou seja, da importância fundamental do líder para o movimento" (ARENDT, 1989, p. 414), e seu poder desconhece limitações formais: "A diferença entre uma ordem e a palavra do *Fuhrer*, é que a validade dessa última não estava limitada pelo tempo e pelo espaço, sendo, no entanto, a principal característica da primeira" (ARENDT, 1983, p. 162). Por outro lado, a descrição arendtiana da figura do líder totalitário o exclui, por exemplo, da galeria dos líderes carismáticos weberianos: "Deve a liderança mais à sua extrema capacidade de manobrar as lutas intestinas do partido pelo poder do que a qualidades demagógicas ou burocrático-organizacionais" (ARENDT, 1989, p. 423).

Porém, cabe ao líder a tarefa de suprema importância de definir quem é o inimigo a ser liquidado. Assim, na análise arendtiana do totalitarismo, cabe a ele decidir quem deve ser incluído na categoria do inimigo objetivo ou do socialmente indesejável, criando as tipologias a partir das quais quem – qual povo, qual classe social – merecerá permanecer vivo ou deverá ser erradicado da face da terra, com tal decisão não possuindo nenhuma relação com as características pessoais ou com os atos das vítimas. O líder, enfim, decide quem deve ser exterminado, sendo tal decisão de fundamental importância para o movimento.

3. Origens e sentidos do antissemitismo

O totalitarismo desenvolveu-se a partir de uma exclusão progressiva: quem não poderia mais viver entre nós e deveria, portanto, ser confinado, no final, simplesmente não poderia mais viver. Tal exclusão seguiu, primordialmente, critérios de origem racial, o que faz Arendt questionar como surgiu o racismo. Ela própria responde:

> *A raça foi uma tentativa de explicar a existência de seres humanos que ficavam à margem da compreensão dos europeus, e cujas formas e feições de tal forma assustavam e humilhavam os homens brancos, que eles não desejavam mais pertencer à mesma espécie humana (ARENDT, 1981, p. 215).*

Segundo Arendt (1989, p. 187), "a raça é, do ponto de vista político, não o começo da humanidade, mas o seu fim, não a origem dos povos, mas o seu declínio, não o nascimento natural do homem, mas a sua morte antinatural". O racismo é especialmente cruel por lançar sobre suas vítimas uma maldição irrevogável, assim descrita por Arendt (1991, p. 42):

> *O racismo, seja branco ou negro, está impregnado de violência por definição por objetar contra fatos orgânicos naturais - uma pele branca ou negra - que não poderiam ser mudados de modo algum; tudo o que se pode fazer, jogadas as cartas, é exterminar os donos dessas peles.*

A autora (1989, p. 461) acentua: "Os nazistas não achavam que os alemães fossem uma raça superior, à qual pertenciam, mas sim que deviam ser comandados, como todas as outras nações, por uma raça superior que somente agora estava nascendo". O racismo ganha, então, no contexto do nazismo, um sentido peculiar. Racismo e antissemitismo são definidos, ainda, como fenômenos interligados, uma vez que, segundo Arendt (2007b, p. 371), onde as políticas são pensadas em termos raciais, os judeus transformam-se no centro das hostilidades.

Tais hostilidades, para a autora (1989, p. 274), possuem um inequívoco fundamento religioso: "O ódio dos racistas aos judeus advinha da supersticiosa apreensão de que Deus poderia ter realmente escolhido os judeus e não a eles, de que a divina providência realmente houvesse concedido o sucesso aos judeus".

Por outro lado, segundo Arendt (2007b, p. 152), o antissemitismo clerical – excessos à parte – tem sido sempre dirigido contra o judeu rico e contra o judeu secularizado, irreligioso, uma vez que sua existência contradiz as demandas teológicas segundo as quais o judeu é diferente por princípio. Restringir o antissemitismo à sua dimensão religiosa é, portanto, um erro sobre o qual a autora alerta veementemente: "Os judeus confundem o moderno antissemitismo com o antigo ódio religioso antijudaico" (ARENDT, 1989, p. 27). O que ela busca é precisamente diferenciar um do outro, pois suas bases são consideravelmente mais amplas, o que Arendt (1989, p. 48) ressalta ao definir, nos seguintes termos, as origens da mitologia antissemita e a confluência entre esta e o racismo:

> *Quando, por motivos que nada tinham a ver com a questão judaica, os problemas raciais ocuparam o centro do cenário político, os judeus imediatamente foram ajustados como alvo pelas ideologias e doutrinas que definiam grupos humanos por laços de sangue e por características genéticas familiares.*

A colonização africana foi, para Arendt (1989, p. 237), um laboratório para os nazistas: "Viram ali como era possível transformar povos em raças e como, pelo simples fato de tomarem a iniciativa desse processo, podiam elevar o seu próprio povo à posição de raça dominante". Arendt defende, por outro lado, a necessidade da manutenção de diferenças como uma forma de evitar, precisamente, o igualitarismo totalitário.

O dilema republicano na perspectiva arendtiana é como conciliar autoridade e igualdade. Já o totalitarismo cria, para Arendt, uma igualdade que recusa a diferença, e o que ela tem em mente é, precisamente, uma igualdade que reconheça sua alteridade. Por isso seu desejo de sempre apresentar-se como judia, e por isso suas críticas ao igualitarismo jurídico presente na Declaração dos Direitos do Homem – no que ela segue, aliás, uma tradição conservadora, com Villey (1976, p. 132), ressaltando com acuidade, como Burke, por exemplo, defendeu, igualmente, os direitos de diversas classes e povos.

Apresentar-se como judia significa pertencer a uma nacionalidade, reivindicá-la, sendo esta uma defesa da qual indivíduo algum pode abrir mão. E Arendt segue, aqui, como lembra Aguiar (2009, p. 98), o ensinamento materno: "Seguia, nesses termos, a lição de casa ministrada por sua mãe. Se a atacavam como judia, era como judia que devia defender-se, não como cidadã universal, portadora de direitos".

Qual, enfim, seria a solução proposta? A solução reside em ser judeu. Segundo Arendt (2007b, p. 261), um dos direitos inalienáveis dos judeus é o direito de viverem e, se necessário, de morrerem como judeus. Adler (2007, p. 217) acentua:

> *A história do judaísmo se resume a um lamento de obediência à Lei e de interiorização da diferença. O novo judeu ao qual ela aspira é um judeu valoroso, orgulhoso disso, um indivíduo que considera que ser judeu é combater nas frentes da clandestinidade por uma nova Europa.*

A solução, por fim, como sempre ocorre na obra de Arendt, é política, isto é, não podendo o judeu ser definido a partir de uma perspectiva pessoal, mas devendo ser, pelo contrário, situado e equacionado em termos políticos. A existência do judeu – sua existência como judia – é, para Arendt, uma questão política perante a qual não cabem recusas, embora também não deixe de ser uma condição de pária.

A condição de pária, que foi a dela durante tanto tempo, influenciou decisivamente a percepção de Arendt a respeito do judaísmo, bem como seu próprio comportamento enquanto judia. A distinção feita pela autora entre público e privado é fundamental para compreendê-la enquanto judia e enquanto mulher, pois ela via o fato de ser judia como uma oportunidade para sua ação política individual. Além disso, o fato de Arendt ter sido uma mulher judia é significativo tanto em termos políticos quanto intelectuais.

Segundo Kohn (2007, p. xliv), como pária consciente, Arendt decide fundamentar seu projeto intelectual como um todo na problemática do judaísmo no mundo moderno. E de uma forma complexa e largamente implícita, ela, segundo Kohn (2007, p. lxiii), coloca os judeus e a "condição judaica" no centro de sua crítica à era moderna.

Assim, ainda segundo Kohn (2007, p. lxvii), Arendt vê a destruição da comunidade judaica como o acontecimento histórico que precede a destruição das demais comunidades europeias. Ela ainda acentua, como lembra Bernstein (1996, p. 49), que a questão judaica foi o agente catalisador dos mais horrendos eventos ocorridos no século XX.

O futuro do povo judeu deve, para Arendt, passar pela afirmação da identidade judaica e não por sua negação por meio da assimilação; aqui, trajetória individual e perspectiva histórica claramente se confundem. Assim, segundo Arendt (2007b, p. 53), todas as teorias que veem na assimilação a salvação dos judeus baseiam-se na premissa de que eles formem um povo totalmente unificado, constituindo um organismo indiferenciado.

Mas ela foi sionista? Como lembra Bernstein (2001, p. 196), nos vinte anos seguintes ao seu exílio, Arendt trabalhou quase exclusivamente para organizações e movimentos sionistas. Seria fácil, a partir daí, defini-la como sionista, mas, segundo Arendt (2007b, p. 56), o sionismo é incapaz de representar os interesses judaicos em uma escala global. Para ela, o sucessor do fracasso da assimilação burguesa é o falido movimento nacionalista burguês (2007b, p. 59). Já Watson (2001, p. 67) salienta: "Hannah Arendt não era uma sionista apaixonada. Como muitos intelectuais moderados judeus, ela via o Estado de Israel como uma necessidade política e não como a realização de uma profecia".

Mas a autora (*apud* BRIGHTMAN 1995, p. 239), por fim, não deixa de enfatizar seu envolvimento com o destino de Israel:

> *Os judeus pensam: os impérios, governos e nações vão e vêm; o povo judeu permanece. Essa paixão tem algo de nobre e de ignóbil; acho que não a partilho. Mas até eu sei que qualquer catástrofe real em Israel me afetaria mais profundamente que qualquer outra coisa.*

Aspecto algum da análise arendtiana a respeito do antissemitismo, do Holocausto e da trajetória histórica do povo judeu foi tão criticado e debatido – e mais alvo de ódios tão exacerbados – quanto sua análise da participação de lideranças judaicas no Holocausto, participação esta que, segundo ela, contribuiu decisivamente para sua viabilização.

Arendt (1983, p. 139) coloca a questão nos seguintes termos: "Onde quer que vivessem judeus, havia líderes judaicos reconhecidos, e essa liderança, quase sem exceção, cooperava de uma de maneira ou de outra, por uma ou outra razão, com os nazistas". Essa é uma questão que Adler (2007, p. 235) destaca: "Os judeus são responsáveis por seu extermínio? Hannah

Arendt nos força a colocar essa questão obscena. Para ela, o mecanismo de apagamento voluntário do ser judeu precedeu e talvez tenha autorizado a Shoah".

As reações foram violentas. Aschheim (2001, p. 42), por exemplo, chega a definir *Eichmann em Jerusalém* como infame, tanto por negar que o antissemitismo seja a força por trás dos mecanismos burocráticos de assassinato em massa como por indiciar os Conselhos Judaicos como cúmplices da destruição nazista.

Outro aspecto da análise arendtiana que despertou reações passionais é ressaltado por Ansart (2004, p. 29): "O ponto que feriu violentamente as sensibilidades em Israel e em todas as nações que sofreram o nazismo era precisamente a tese audaciosa e provocadora do desaparecimento do ódio no exercício do terror e da barbárie". E o caráter burocrático do Holocausto, ressaltado por Arendt, minimizaria, segundo seus críticos, a importância do antissemitismo.

Segundo Wolin (2001, p. 57), a análise arendtiana tornou-se a pedra angular da assim chamada interpretação funcionalista de Auschwitz, segundo a qual o Holocausto foi, primariamente, um produto da sociedade moderna. Tal interpretação foi acusada de diluir os motivos específicos que levaram ao Holocausto, transformando-o em pouco mais que um epifenômeno da modernidade.

Assim, segundo Mommsen (2001, p. 224), a interpretação sionista que percebe o Holocausto como o ápice da doutrina antissemita vê a interpretação arendtiana do Holocausto apenas como o resultado da ação de mecanismos técnicos e burocráticos e não como o resultado de um fanatismo racial gerador de uma ação planejada a longo prazo por um ditador. Arendt (1983, p. 228), de fato, acentua:

> *As medidas contra os judeus do Leste não eram apenas consequência do Antissemitismo, eram parte de uma política demográfica que abrangia a todos, em consequência da qual, se os alemães tivessem ganho a guerra, os poloneses iriam sofrer o mesmo destino dos judeus – genocídio.*

Com isso, após o lançamento de *Eichmann em Jerusalém*, Arendt, como lembra Ring (1997, p. 21), sentiu-se incompreendida, traída e abandonada por velhos amigos e colegas. Ela, segundo Wolin (2001, p. 52), nunca se recuperou inteiramente do escândalo provocado por suas críticas à participação dos Conselhos Judaicos no Holocausto.

Se o imperialismo degradou a política, o antissemitismo forneceu os mecanismos de exclusão a partir dos quais o inimigo necessário à consolidação do totalitarismo foi gerado. No totalitarismo, afinal, temos a figura do outro transformada em inimigo a ser eliminado, enquanto, ao contrário, a democracia só pode existir no respeito à pluralidade. Assim, por meio do antissemitismo, o judeu encarnou de forma ideal a alteridade a ser eliminada, abrindo espaço para a ascensão do totalitarismo.

Segundo Arendt (2007b, p. 64), o moderno antissemitismo transforma o judeu de um ser individual em um princípio, dentro de um aglomerado de características que formam o mal universal. E, com isso, o antissemitismo transformou-se no fundamento do fascismo, bem como de sua eventual sobrevivência contemporânea, o que é enfatizado por Arendt (2008a, p. 169):

> *Como conspiração global, o fascismo tinha como base essencial o antissemitismo. Portanto, se alguém afirma que o antissemitismo será o único resquício do fascismo, equivale a dizer que sobreviverá o principal ponto de apoio da propaganda fascista e um dos princípios mais importantes da organização política fascista.*

O eixo da análise arendtiana é o antissemitismo, e a questão que ela busca responder é como este adquiriu, por fim, a dimensão política que culminou no genocídio do povo judeu.

As origens do processo são remotas. Segundo Arendt (2007b, p. 73), todas as definições modernas dos judeus enquanto povo têm suas bases históricas no período medieval e em seu declínio. Mas foi a inserção econômica e política do judeu nas sociedades modernas que, segundo ela, transformou o antissemitismo em fator decisivo da política do século XX em um processo, aliás, que se deu de forma amplamente despercebida, o que é acentuado pela pensadora (1989, p. 21):

> *Ambos os fenômenos – o antissemitismo e o totalitarismo – mal haviam sido notados pelos homens cultos, porque pertenciam à corrente subterrânea da história européia, onde, longe da luz do público e da atenção dos homens esclarecidos, puderam adquirir virulência inteiramente inesperada.*

Segundo a autora (2007b, p. 68), os judeus foram tolerados como parte da economia geral na medida em que as funções financeiras a eles atribuídas permaneceram na periferia. Com isso, o problema, para Arendt (1989, p. 25), não foi a exploração econômica, mas a exploração sem sentido político: "A riqueza que não explora deixa de gerar até mesmo a relação existente entre o explorador e o explorado; o alheamento sem política indica a falta do menor interesse do opressor pelo oprimido". Foi nessa armadilha, segundo Arendt (1989, p. 35), que os judeus europeus caíram durante a era imperialista, na qual "o elemento judeu intereuropeu e não nacional, tornou-se objeto de ódio, devido à sua riqueza inútil, e de desprezo, devido à sua falta de poder".

Arendt (1989, p. 34) afirma: "Em contraste com todos os outros grupos, os judeus eram definidos pelo sistema político, e a sua posição era determinada por eles". Definidos politicamente, portanto, os judeus, com isso, transformaram-se em um corpo estranho a uma sociedade de classes. Nesse contexto, o declínio do Estado-nação foi fatal para eles:

> *Os judeus podiam permanecer como grupo separado fora da sociedade somente enquanto uma máquina estatal mais ou menos homogênea e estável pudesse utilizá-los e estivesse interessada em protegê-los. A decadência da máquina estatal trouxe a dissolução das cerradas fileiras do povo judeu, que havia tanto tempo estava ligado a ela (1989, p. 121).*

O declínio político e social da população judaica coincidiu, portanto, com o declínio do Estado-nação, mas foi a partir daí que o antissemitismo ganhou cada vez mais em dimensão e em ferocidade. Assim, os ataques aos judeus recrudesceram, segundo Arendt (1989, p. 52), justamente quando estes perderam poder e influência:

> *O antissemitismo, tendo perdido seu suporte com o desaparecimento das condições especiais que haviam influenciado seu desenvolvimento durante o século XIX, podia ser livremente elaborado por charlatães e loucos naquela estranha mistura de meias verdades e fantásticas superstições que emergiu na Europa depois de 1914, tornando-se a ideologia de todos os elementos frustrados e ressentidos (1989, p. 74).*

Por outro lado, foi o apoliticismo judaico que permitiu a aliança entre o judeu e o Estado, fomentando tal dimensão a partir de um processo assim descrito pela autora: "Cada classe social que entrava em conflito com o Estado virava antissemita, porque o único grupo que parecia representar o Estado, identificando-se com ele servilmente eram os judeus" (ARENDT, 1981, p. 45). A partir de tal dinâmica, o judeu rico alemão tornou-se, ele próprio, excludente em relação a seus irmãos menos afortunados:

> *A partir da degradação desses, a partir da grande diferença que o separava deles, extraía sua consciência de ser uma exceção, seu orgulho por ter chegado tão gloriosamente longe e sua resistência aos incessantes insultos, humilhações e reveses que, afinal, atingiam a todos (ARENDT, 1994, p. 179).*

Tal processo seguiu, ainda, o que Arendt (1989, p. 49) chama de regra básica, qual seja, "O sentimento judaico adquire relevância política somente quando pode ser combinado com uma questão política importante, ou quando os interesses grupais dos judeus entram em conflito aberto com uma classe dirigente ou aspirante ao poder".

O antissemitismo representa, para Arendt, uma ruptura histórica derivada do papel desempenhado pelos judeus no processo europeu de modernização. E, por fim, ao refletir sobre sua própria análise do antissemitismo, a autora (1987, p. 25) faz questão de esclarecer: "Quando emprego a palavra judeu, não pretendo sugerir nenhum tipo especial de ser humano, como se o destino judaico fosse representativo ou exemplar para o destino da humanidade".

4. A mentira e a ideologia

Uma inovação introduzida pelo totalitarismo foi, segundo Arendt (2006b, p. 25), a transformação da política em imagem: "A construção de imagem como política global – não conquista do mundo, mas vitória na batalha 'para ganhar a mente dos povos' – é realmente algo novo no imenso arsenal de loucuras humanas registrado na história". E o fundamento dessa transformação é a mentira.

A mentira é, para Arendt, pedra fundamental do totalitarismo, não importando seu caráter absurdo. Pelo contrário, como a autora acentua, "o que distingue os líderes e ditadores totalitários é a obstinada e simplória determinação com que, entre as ideologias existentes, escolhem os elementos que mais se prestam como fundamentos para a criação de um mundo inteiramente fictício" (ARENDT, 1989, p. 411).

Os líderes totalitários mentem como quaisquer outros líderes políticos, mas as mentiras por eles proferidas possuem outra dimensão e geram outras consequências. Arendt (1972, p. 312) acentua: "A diferença entre a mentira tradicional e a moderna acarretará, na maior parte das vezes, a diferença entre ocultar e destruir". E ela ainda ressalta (2008a, p. 276):

> *As mentiras da propaganda totalitária se diferenciam da mentira normal dos regimes não totalitários em tempos de emergência por sua sistemática negação da importância dos fatos em geral: todos os fatos podem ser alterados e todas as mentiras podem se tornar verdadeiras.*

Onde a mentira se transforma em verdade, a verdade se transforma em tabu. Segundo Arendt (2006b, p. 611), o mundo no qual não se diz a verdade ou no qual esta é mascarada passa a ser um mundo de tabus, e tudo, ou a maior parte do que refere ao período hitlerista, toca em algum tabu.

Onde a realidade é construída pelos governantes, sua ação torna-se onipotente, o que é destacado por Arendt (1972, p. 123): "Os sistemas totalitários tendem a demonstrar que a ação pode ser baseada sobre qualquer hipótese e que, no curso da ação coerentemente guiada, a hipótese particular se tornará verdadeira, se tornará realidade fatual e concreta".

Uma das consequências desse processo é o discurso – fundamento da ação – ser esvaziado de qualquer conteúdo concreto, e outra é o aniquilamento da verdade, o que é ressaltado por Arendt (1972, p. 287): "As possibilidades de que a verdade fatual sobreviva ao assédio do poder são de fato por demais escassas; aquela está sempre sob o perigo de ser ardilosamente eliminada do mundo, não por um período apenas, mas, potencialmente, para sempre". Esse é o propósito e a ameaça do totalitarismo.

Com isso, a ficção assumida acaba por tornar-se a base da realidade totalitária, gerando "fatos" e *slogans* que não podem ser desmentidos: "Uma vez integrados numa 'organização viva', esses slogans de propaganda não podem ser eliminados sem riscos, sem destruir toda a estrutura" (ARENDT, 1981, p. 412). Como consequência, o totalitarismo cria um universo de ficção que ganha contornos de realidade. Para Arendt, segundo Veto (1982, p. 577), o resultado da organização totalitária da violência é mergulhar o mundo na irrealidade, e tal irrealidade possui a particularidade de existir mais efetivamente do que toda realidade "plausível".

Arendt (1989, p. 463) afirma: "Mentir ao mundo inteiro de modo sistemático e seguro só é possível sob um regime totalitário, no qual a realidade fictícia da realidade de cada dia quase dispensa a propaganda". Mas, pelo contrário, não é possível dispensá-la. No totalitarismo, a mentira é, afinal, difundida por meio da propaganda e, com isso, a importância desta é crucial para a sobrevivência do regime. Ela ganha foros de onipotência, uma vez que seu sucesso se apoia no controle exercido sobre a realidade, que se torna a realidade elaborada pelo movimento, e não o que um dia foi visto e considerado como real.

O totalitarismo, ao mesmo tempo em que segue uma lógica férrea, derivada da ideologia professada por seus adeptos, adota uma política de extermínio absolutamente antiutilitária e ilógica perante os padrões habituais de normalidade e utilidade, o que permite a destruição de toda uma coletividade sem que haja algum motivo lógico, racional, concreto ou utilitário a fundamentar tal projeto de aniquilação. Essa falta de lógica é o cerne do totalitarismo e representa o mal em sua radicalidade, como a própria Hannah Arendt a descreve.

De fato, Arendt (1989, p. 397) acentua: "Os movimentos totalitários empregam o socialismo e o racismo esvaziando-os do seu conteúdo utilitário, dos interesses de uma classe ou de uma nação". Assim como a ideologia, a mentira e a propaganda não precisam ser utilitárias; pelo contrário, elas são essencialmente antiutilitárias, criando uma realidade desprovida de existência concreta, reforçada pela presença da polícia secreta, que consolida pelo terror o que é construído por meio da mentira.

A mentira, contudo, não pode ser gratuita e desprovida de coerência; pelo contrário, a propaganda pode e deve ser falsa, mas deve, como Arendt (1989, p. 401) salienta, ser coerente para ser eficaz: "O que convence as massas não são os fatos, mesmo que sejam fatos inventados, mas apenas a coerência com o sistema do qual esses fatos fazem parte". Contudo, a mentira, como ressalta Arendt (2006b, p. 39), termina por iludir o próprio mentiroso:

> *No domínio da política, onde o sigilo e o embuste deliberado sempre tiveram um papel importante, o auto-embuste é o perigo por excelência; o impostor auto-enganado perde todo o contato, não somente com sua platéia, mas também com o mundo real, que continuará importunando-o, pois ele pode tirar sua mente dele, mas não pode tirar seu corpo.*

De qualquer forma, o totalitarismo cria, segundo Arendt, um mundo irreal, o que é visto por ela como uma vantagem, uma vez que a lógica do mundo criado pelo totalitarismo o liberta das amarras do mundo real. Falta a este mundo a lógica e a coerência da ficção, na qual nada se encontra fora do lugar.

De fato, a mentira tem grande chance de ser bem-sucedida, uma vez que "na medida em que a verdade fatual se expõe à hostilidade dos defensores de opiniões, ela é pelo menos tão vulnerável como a verdade filosófica racional" (ARENDT, 1972, p. 301). E acrescenta, devido a uma característica do conhecimento em sua relação entre verdade e mentira: "Como o mentiroso é livre para moldar os seus fatos adequando-os ao proveito e ao prazer, ou mesmo às meras expectativas de sua audiência, o mais provável é que ele seja mais convincente do que o que diz a verdade" (1972, p. 311).

O totalitarismo é, em síntese, avesso aos fatos e hostil aos que se apegam a eles, o que é acentuado por Arendt (1972, p. 316): "A história contemporânea está repleta de exemplos em que os que diziam a verdade fatual eram considerados mais perigosos e até mesmo mais hostis que os verdadeiros adversários".

Fazendo isso, o totalitarismo destrói o senso comum, visto como o sentido do real no qual habita o outro. Segundo Duarte (2000, p. 58), tal destruição "equivale à perda da mediação entre o caráter privado das sensações humanas e a sua confirmação subjetiva, perda à qual sobrevêm a redução do pensamento aos processos de dedução lógica".

O totalitarismo cria, enfim, sua própria lógica. Nele, acentua mais uma vez Duarte (p, 58), "as leis positivas deixam de ser restrições e proibições de certas condutas particulares para tornarem-se instrumentos de transformação e criação da realidade, de acordo com a interpretação da ideologia pelo líder totalitário".

E, assim como a mentira, a suspeita forma a base do totalitarismo:

> *Nas condições do regime totalitário, a categoria dos suspeitos compreende toda a população; todo pensamento que se desvia da linha oficialmente prescrita e permanentemente mutável já é suspeito, não importa o campo da atividade humana em que ocorra (ARENDT, 1989, p. 481).*

Qual foi, ainda, na perspectiva arendtiana, a importância da ideologia na construção do totalitarismo, no comportamento e na mentalidade de seus seguidores?

Arendt faz, em carta datada de 1963, uma autocrítica a respeito do papel por ela conferido, em *Eichmann em Jerusalém*, à importância da ideologia no contexto dos movimentos totalitários e sobre o próprio comportamento de Eichmann: "Posso ter superestimado o impacto da ideologia no indivíduo. Mesmo no livro sobre totalitarismo, no capítulo sobre ideologia e terror, menciono a curiosa perda de conteúdo ideológico que ocorre na elite do movimento" (BRIGHTMAN, 1995, p. 154).

Também a crença dos líderes na ideologia por eles professada é relativizada por Arendt (1983, p. 59): "O programa do Partido nunca foi levado a sério pelos oficiais nazistas; eles orgulhavam-se de pertencer ao movimento, distinto de um partido, pois um movimento não poderia estar amarrado a um programa". Ideólogos, acentua ela, são perigosos por possuírem crenças e por não se deixarem levar por ficções: "Quem defende uma causa por vontade própria pode mudar de idéia amanhã. Os únicos confiáveis são os que sabem o suficiente para não ter opinião, e além disso nem sabem mais o que significa ter convicções" (ARENDT, 2008a, p. 328).

Porém, a ideologia, para a autora, desempenhou um papel relevante no processo. Arendt (2008a, p. 98) acentua: "É característico de nosso século com sua consciência histórica que seus piores crimes tenham sido perpetrados em nome de algum tipo de necessidade ou em prol – o que resulta na mesma coisa – da 'onda do futuro'", e essa "onda" é corporificada na ideologia totalitária e no futuro por ela prometido.

Cabe, inicialmente, para compreender esse papel, definir o que a autora entende por ideologia. Arendt (2006a, p. 184) define a ideologia como a lógica de uma ideia, e a lógica, enquanto processo, coloca a ideia em movimento e, com isso, tritura sua essência. Tal lógica, gerada pela ideologia, possui, ainda, segundo a autora (1989, p. 525), uma função mobilizadora:

> *Para a ilimitada mobilização das pessoas, que nem ele pode dispensar, o governante totalitário conta com a compulsão que nos impele para a frente; essa compulsão interna é a tirania da lógica, contra a qual nada se pode erguer senão a grande capacidade humana de começar algo novo.*

A existência de ideologias é, para Arendt (1989, p. 520), uma novidade histórica: "As ideologias – os ismos que podem explicar, a contento dos seus aderentes, toda e qualquer ocorrência a partir de uma única premissa – são fenômeno muito recente e, durante várias décadas, tiveram papel insignificante na vida política". A ideologia é definida como totalizante por pretender tudo explicar a partir de algumas premissas básicas, inalteráveis e facilmente compreensíveis. Tais premissas criam uma coerência que se mantem imune à realidade, que deve ser adaptada a elas para além de toda experiência discordante.

O que a ideologia busca construir é uma explicação totalizante, totalitária, e o que ela visa, com isso, é a construção de uma verdade absoluta e, portanto, acima dos mortais: "A verdade absoluta, que seria a mesma para todos os homens, e, portanto, não se relacionaria com a existência de cada homem, dela sendo independente, não pode existir para os mortais" (ARENDT, 1993, p. 100).

Mas a ideologia é instrumental, o que transforma a busca da verdade, por ela erigida em princípio, em algo contraditório. Segundo Arendt (2006a, p. 603), a ideologia é utilizada como arma, mas a verdade não é nenhuma arma, sendo truncada ou transformada em mentira se é assim utilizada. Com isso, tudo o que é verdadeiro em uma ideologia é transformado em mentira. O objetivo fundamental da ideologia não é o esclarecimento, mas o convencimento; ela busca, acima de tudo, angariar fiéis, transformando-se em terror quando e onde esse objetivo não é alcançado.

Com isso, segundo Arendt (2006a, p. 361), é politicamente absurdo falar das religiões como ópio do povo, sendo as ideologias o real ópio do povo. E, ainda, o ateísmo e o socialismo, entre outras tendências, transformaram-se em religiões políticas, porque acreditaram captar não meros aspectos das coisas, mas sua essência. A questão que Arendt busca resolver, segundo Adler (2007, p. 181), é: "Como essa combinação de fé coletiva e terror individual, sobre o pano de fundo da ausência total de liberdade, pode criar um novo regime de essência totalitária, estruturalmente oposto à própria idéia de democracia"?

As ideologias conseguiram isso agindo acima e além da racionalidade, terreno na qual naufragariam. Arendt (1989, p. 189) assinala:

> *Poucas ideologias granjearam suficiente proeminência para sobreviver à dura concorrência da persuasão racional. Somente duas sobressaíram-se e praticamente derrotaram todas as outras: a ideologia que interpreta a história como uma luta econômica de classes, e a que interpreta a história como uma luta natural entre raças.*

A obra de Marx abriu caminho, segundo Arendt (2008b, p. 123), para o surgimento das ideologias:

> *Ao converter a dialética em método, Marx a libertou dos conteúdos que a mantinham delimitada e atada à realidade substancial. E assim ele tornou possível o gênero de pensamento-processo característico das ideologias do século XIX, culminando na lógica devastadora dos regimes totalitários cujo aparato de violência não está sujeito às restrições da realidade.*

Contudo, Marx foi, para ela, um pensador, e não um ideólogo: ideólogos são os marxistas que se apropriaram do pensamento marxiano, o que Arendt faz questão de deixar claro, como uma forma de elevar Marx – autor do qual discorda e que admira com a mesma profundidade de sua discordância – acima do que vê como uma espécie de charco mental criado por seus seguidores, que transformaram em utopias e projetos políticos o conceito marxiano de revolução.

Como, por fim, enfrentar as ideologias totalitárias (se é que existe alguma, para Arendt, que não o seja)? Young-Bruehl (1997, p. 235) acentua: "As ideologias totalitárias devoravam tanto o passado como o futuro, transformavam o passado em mitos da natureza ou da história e apagavam a imprevisibilidade do futuro com imagens milenares relativas a esses mitos".

Por isso, a incerteza quanto ao futuro é, para Arendt, a melhor arma contra o totalitarismo, contra o planejamento que visa sufocar qualquer iniciativa, qualquer ação que busque iniciar um novo tempo, qualquer ação livre. Na incerteza do futuro reside, ao mesmo tempo, a promessa e a ameaça.

5. O universo do mal

Como acentua Birmingham (2006, p. 74), Arendt destaca o surgimento, no espaço político ocidental, de uma violência excludente, que tem por objetivo desqualificar a mera existência humana. E tal violência encontrou seu espaço ideal nos campos de concentração. Mas o que Arendt pretendeu ao estudar esses campos? O objetivo da autora, segundo Brossat (1996, p. 53), foi transformar o que seria a experiência-enigma impensável e insolúvel dos campos de concentração em um tipo de conhecimento objetivo e comunicável. Foi traduzir para a nossa realidade uma realidade intraduzível segundo os padrões aceitáveis de normalidade.

Arendt, segundo Lafer (1991, p. 179), assim define o *genocídio*: "Um crime burocrático insólito, engendrado pelo ineditismo da dominação totalitária que assume o ser humano como supérfluo e que tem, no campo de concentração, a instituição constitutiva do cerne do poder organizacional do regime". Compreender o funcionamento desses campos seria, assim, compreender o totalitarismo a partir de seu cerne.

Arendt (1989, p. 507) acentua: "É da própria natureza dos regimes totalitários exigir o poder ilimitado. Esse poder só é conseguido se literalmente todos os homens, sem exceção, forem totalmente dominados em todos os aspectos da vida". Apenas nos campos de concentração tal objetivo foi atingido, o que leva Arendt (2007b, p. 461) a defini-los como os mais significativos dispositivos de todas as formas totalitárias de dominação. Neles é concretizado o ideal do totalitarismo; neles, como salienta a autora (2008b, p. 268), o domínio sobre o ser humano se torna absoluto:

> *A dominação total só é alcançada quando o ser humano, que de alguma maneira sempre é uma mistura de espontaneidade e condicionamento, foi transformado num ser completamente condicionado, cujas reações podem ser calculadas mesmo quando ele é levado à morte certa.*

Quando isso ocorre, desaparece o ser humano enquanto indivíduo dotado de espontaneidade: "Quem aspira ao domínio total deve liquidar no homem toda a espontaneidade, produto da existência da individualidade, e persegui-la em suas formas mais peculiares, por mais apolíticas e inocentes que sejam" (ARENDT, 1989, p. 507).

Nos campos de concentração temos a conclusão lógica do processo iniciado quando multidões de párias surgiram nas primeiras décadas do século XX. Seguindo tal processo, com a abolição totalitária de toda lei e de toda a definição, a personalidade jurídico-moral do homem é destruída. Contudo, tal destruição teve início com a transformação dos membros de diferentes nacionalidades em párias.

O mal radical, para Arendt, visa tornar o ser humano supérfluo e, inclusive, erradicar o conceito de humanidade. E se os párias formam uma multidão supérflua perante as sociedades que os abrigam e os rejeitam, também nesse sentido os campos de concentração são a conclusão desse processo.

Afinal, na perspectiva arendtiana, a transformação do ser humano em um ser supérfluo tem como pressuposto a erradicação das condições que tornam a vida humana possível, quais sejam, a pluralidade humana, a espontaneidade, a pluralidade e a natalidade, características estas que são suprimidas no universo concentracionário. Tal universo, contudo, reflete uma realidade ainda mais ampla, já que Arendt (1989, p. 508) afirma: "A tentativa totalitária de tornar supérfluos os homens reflete a sensação de superfluidade das massas modernas numa terra superpovoada".

Segundo Abensour (1999, p. 509), "Hannah Arendt descreve a dominação total e não a sociedade totalitária, pela simples razão de que, a seus olhos, esta última não existe enquanto tal". O objetivo do totalitarismo é a criação de uma sociedade desprovida de qualquer forma de pluralidade e espontaneidade, ou seja, a transposição, para a sociedade, da realidade do universo concentracionário.

A lógica desse universo, na perspectiva arendtiana, reflete os ideais totalitários, que são a negação da pluralidade e da liberdade humanas; compreendê-la, portanto, significa compreender a lógica totalitária. Tal compreensão, porém, permite ir ainda mais longe: os campos de concentração são, para Arendt, como acentua Habermas (1994b, p. 96), a característica essencial do século XX. A expressão "tudo é possível" adquire uma importância fundamental na análise que Arendt faz do totalitarismo. O líder totalitário e seus seguidores visam transformar o comportamento humano em algo similar ao comportamento de espécies animais: condicionado e previsível. Para eles, a partir daí, tudo é possível.

Segundo Arendt (2006a, p. 51), torna-se claro nos regimes totalitários que à onipotência do homem corresponde a inutilidade dos homens. Por isso, tomando como base a crença de que tudo é possível, imediatamente se segue a prática de tornar supérfluos os homens, em parte dizimando-os e, em geral, liquidando o homem enquanto homem.

Adler (2007, p. 248) sintetiza a análise arendtiana: "O nazismo elaborou nos campos da morte a inocência mais monstruosa que se pode conceber: aqueles que foram mortos não eram considerados seres humanos, mas futuros cadáveres". Com isso, acentua Arendt (1989, p. 493), a própria fronteira entre a vida e a morte perde nitidez: "O verdadeiro horror dos campos concentracionários e de extermínio reside no fato de que os internos, mesmo que consigam manter-se vivos, estão mais isolados do mundo dos vivos do que se tivessem morrido, porque o horror compele ao esquecimento". E as vítimas dos campos de concentração são inocentes aos olhos de seus próprios carrascos, o que faz com que, como ressalta Arendt (1989, p. 483), a própria liberdade, nos campos de concentração, torne-se irrelevante:

> *No totalitarismo, a liberdade não apenas se reduz à sua última e aparentemente indestrutível garantia, que é a possibilidade do suicídio, mas perde toda a importância porque as consequências do seu exercício são compartilhadas por pessoas completamente inocentes.*

O retrato feito pela autora do período no qual vigoraram os regimes totalitários faz, segundo Gellner (1989, p. 96), os horrores ocorridos parecerem irreais, metafísicos, reconfortantemente alheios a nós. Porém, há um ser que viveu no interior de tal regime e que surge, na descrição de Arendt, assustadoramente real e próximo a nós, a ponto de sua figura opaca e sinistra servir como uma espécie de catalisadora do pensamento de Arendt, apesar de toda a repulsa que ela lhe inspira. Trata-se de Eichmann.

Como acentua Bernstein (1997, p. 127), assim como muitos intelectuais no pós-guerra evitaram um confronto direto com o problema do mal, este se tornou fundamental na obra de Arendt, que retornou a ele muitas e muitas vezes.

O mal, na perspectiva arendtiana, é personificado pela cinzenta figura de Eichmann, terrivelmente assustadora em sua banalidade, e mais terrível ainda na medida em que Arendt (1983, p. 285) acentua: "O problema com Eichmann é que havia muitos iguais a ele e que, a maioria não era pervertida nem sádica, eram e ainda são terrível e aterradoramente normais". Segundo Kohn (2007, p. xxvii), Arendt, de forma isolada, viu o que muitos não viram, ou seja, que o mal perpetrado por Eichmann desafia as categorias a partir das quais os homens pensaram durante séculos. Arendt (1991, p. 5) afirma em relação a ele:

> *O que me deixou aturdida foi que a conspícua superficialidade do agente tornava impossível retraçar o mal incontestável de seus atos, em suas raízes ou motivos, em quaisquer níveis mais profundos. Os atos eram monstruosos, mas o agente – ao menos aquele que estava em julgamento – era bastante comum, banal, e não demoníaco ou monstruoso.*

Como que antecipando a descrição que faria de Eichmann, a autora (2008b, p. 157), escrevendo em 1945, descreve Himmler:

> *É um 'burguês' com toda a aparência de respeitabilidade, todos os hábitos de um bom páter-famílias que não trai a esposa e procura ansiosamente garantir um futuro decente para os filhos; montou sua mais recente organização terrorista, que abrange todo o país, sob a idéia preconcebida de que os indivíduos, na maioria, não são boêmios nem fanáticos, nem aventureiros, tarados sexuais ou sádicos, e sim, acima de tudo, trabalhadores e bons pais de família.*

E acrescenta: "Contrastando com as unidades anteriores da SS e da Gestapo, a organização geral de Himmler se baseia não em fanáticos, nem em assassinos natos, nem em sádicos; baseia-se apenas na normalidade de trabalhadores e pais de família" (2008b, p. 158).

Tanto Eichmann quanto Himmler tornam necessária a criação de uma nova categoria para enquadrar o mal por eles representado, por não ser este mal dotado de existência ontológica ou de qualquer forma de profundidade. Encontra-se enraizado na superfície e não a ultrapassa, ao mesmo tempo em que é mais radical que qualquer outro mal até então existente. Existe na normalidade, por mais aberrante que esta seja, e não em alguma categoria externa a ela.

Segundo Arendt (2006a, p. 331), existe o mal radical, mas não existe o bem radical; o mal radical acaba surgindo sempre que queremos o bem radical. O bem e o mal, ainda, podem surgir entre os homens apenas por meio das relações, com a "radicalidade" destruindo a relatividade e, com ela, as próprias relações. E, ainda, o mal não é demoníaco, não é o resultado da vontade má, uma vez que não existe a vontade radicalmente má, que deseja o mal pelo mal (2006a, p. 604).

Ao descrever a banalidade do mal representada por Eichmann, Arendt se coloca em oposição à tradição ocidental, que via o mal como algo metafísico, pleno de depravação, corrupção ou pecado. Isso porque se trata de um mal que existe apenas na superfície e pratica seus crimes monstruosos de forma superficial.

Não é um mal derivado do pensamento, que ignora e odeia a reflexão por ela ser hostil aos pressupostos que o regem, que ignora o passado e refugia-se na banalidade irrefletida do presente e das ordens a serem cumpridas, mas um mal concreto, que segue objetivos precisos, aos quais Eichmann se aferrou com a obstinação de um ser que dispensou a si próprio da tarefa de refletir a respeito do que estava fazendo. Havia, portanto, o ato criminoso e a intenção que o gerou, mas não havia nenhuma reflexão ou sentimento humano a fundamentá-lo. Por isso, por mais monstruoso que seja, é um ato desprovido de profundidade.

Se o mal representado por Eichmann, assim como o próprio Eichmann, não é demoníaco, nem satânico, nem nada parecido, como defini-lo, então? Na definição de Culbert (2010, p. 148), Eichmann não era nem um palhaço nem um demônio, mas um homem inteiramente comum, plenamente consciente do que havia feito, ou seja, de sua participação em uma das maiores atrocidades já cometidas na história da humanidade. Eichmann, um burocrata, representa o mal destituído de qualquer grandeza, o que leva Arendt a vê-lo, segundo Bergen (1998, p. 41), como um ícone do mundo moderno, uma personalidade burocrática que funciona sob o princípio burocrático formulado por Max Weber (*sine ira ac studio*) e alguém que simplesmente não pode ser julgado a partir dos padrões tradicionais de culpabilidade.

Arendt (1983, p. 225) acentua: "A Promotoria, incapaz de compreender um assassino de massas que nunca matou (e que, nesse exemplo especial, nem mesmo tinha coragem para matar), estava constantemente tentando provar um assassinato individual". Estava, em síntese, tentando situá-lo dentro dos padrões normais de criminalidade, sem conseguir compreender a dimensão, incompreensível a partir desses padrões, dos crimes por ele cometidos.

Seu encontro com ele, que representou seu encontro com o nazismo em sua mais completa expressão, transformou Arendt, como salienta Canovan (1994a, p. 163), em uma republicana radical, em alguém que via nas instituições republicanas e no espírito de cidadania as mais fortes defesas possíveis contra o totalitarismo.

A mediocridade e o vazio que a autora percebeu em Eichmann fez com que repensasse seus conceitos de moralidade, insuficientes para pensar a banalidade e a tragédia corporificadas perante ela, uma maldade destituída de *pathos* e incapaz de ir além da superfície dos fatos por ela provocados.

O que a aturdiu em seu encontro com Eichmann foi a descoberta de um ser no qual se conjugavam:

1. A inexistência de conteúdos morais chancelados pela tradição ocidental;
2. A existência de uma obediência imune a qualquer forma de moralidade;
3. A completa ausência de reflexão a partir dos atos cometidos;

4. A eficiência burocrática que apenas a existência desses fatores foi capaz de elevar a um nível absoluto.

Ela formula, a partir daí, uma questão que pode ser sintetizada a partir das seguintes indagações:

1. Até que ponto o pensamento e o juízo desconhecidos por Eichmann são capazes de atuar perante o mal representado por ele, uma vez que este mal parte da supressão de ambos?
2. De que forma se deu a normatização absoluta e impessoal do comportamento humano, tanto em relação a Eichmann quanto em relação às suas vítimas, desprovidas que foram de qualquer espontaneidade?

Expressando-se apenas a partir de clichês e estereótipos, Eichmann representa a incapacidade de experimentar o mundo e, portanto, a impossibilidade do agir político, uma vez que não há mais uma história comum às pessoas que dela fazem parte, nem significados compartilhados. Ignorando a ação política, ou seja, baseada no discurso, não é possível dizer que ele pertença à esfera pública; pelo contrário, com sua simples presença, e com a violência por ele praticada, Eichmann a aniquila.

Eichmann é incapaz de refletir por conta própria a respeito dos atos por ele cometidos, mas a liberdade pressupõe a reflexão capaz de validar a ação humana e, onde tal reflexão inexiste, abre-se o caminho para a morte da liberdade. Dessa forma, o elogio à desobediência civil levada adiante nos anos 1960 é conectado por Arendt à sua constatação da existência do mal extremo personificado por Eichmann e por sua recusa de refletir acerca de suas ações.

Isso porque, quando os jovens americanos se recusam a ir lutar no Vietnã, eles estão se recusando a participar das ações de um regime nefasto, algo que Eichmann não fez, o que simboliza o verdadeiro crime cometido pelos criminosos de guerra, assim como pela burguesia, que foi, segundo Arendt, a recusa em pensar.

Se Arendt, portanto, situa a violência em oposição à ação política, a desobediência civil é vista por ela como a ação política por excelência, conectando-a ao republicanismo ligado às tradições americanas. A própria existência de Eichmann representa a antítese do universo no qual tais ações são possíveis.

Arendt (1978, v. I, p. 6) afirma que o julgamento de Eichmann despertou sua atenção para questões referentes à moralidade. Temos, nas páginas finais de *Eichmann em Jerusalém*, uma menção que se tornou célebre "à lição da temerosa banalidade do mal, que desafia palavra e pensamento" (ARENDT, 1983, p. 262). A "banalidade do mal" é assim definida por Arendt (2004, p. 226):

> *Algo completamente factual, ao fenômeno dos atos malignos, cometidos numa escala gigantesca, que não podiam ser atribuídos a nenhuma particularidade de maldade, patologia ou convicção ideológica*

> *do agente, cuja única distinção era uma superficialidade talvez extraordinária.*

Como, enfim, pensá-la e compreendê-la? A banalidade do mal consiste, enquanto mal político, em aceitar o inaceitável, transformando-o em algo normal e legal (BRUDNY-DE LAUNAY, 1998, p. 125).

O caráter específico, original do sistema político que Eichmann representava no momento do julgamento desnorteou, segundo Arendt, seus julgadores. Faltou à Corte que o julgou compreender o que está no cerne do totalitarismo:

> *E os juízes não acreditaram nele, porque eram bons demais e, também, cônscios demais dos verdadeiros princípios de sua profissão, para admitir que, em média, uma pessoa 'normal', nem fraca de memória, nem doutrinada, nem cínica, poderia ser perfeitamente incapaz de discernir o certo do errado (ARENDT, 1983, p. 269).*

A dificuldade vivida pelos juízes pode ser pensada com base na impossibilidade sentida por eles de tipificar os crimes de Eichmann a partir das referências até então usuais, que diziam respeito à lei e ao Estado, mas que o réu ignorou ao praticar seus crimes; caso contrário, não os teria praticado.

Faltou à Corte, enfim, compreender como o uso sistemático da mentira – a mentira como fundamento do totalitarismo – torna possível, segundo Arendt, a compreensão tanto do comportamento de Eichmann durante seu julgamento quanto da sociedade alemã durante o nazismo:

> *Eichmann somente precisava lembrar-se do passado, para ter certeza de não estar mentindo e nem se decepcionar, pois ele e o mundo no qual vivia tinham estado em outros tempos, em perfeita harmonia. É que a sociedade alemã, de oitenta milhões de pessoas, fora protegida contra a realidade e a evidência, exatamente pelos mesmos meios e pelas mesmas auto-enganações, mentiras e tolices que estavam arraigadas na mente de Eichmann (ARENDT, 1983, p. 67).*

Segundo Arendt (2006a, p. 7), o mal radical é aquele que não deveria ter acontecido, ou seja, aquele com o qual não é possível uma reconciliação e aquele perante o qual não é possível fazer silêncio. O essencial em relação a esse mal, para Arendt (2006a, p. 18), é sua lógica e consequência absolutas, bem como o fato de tornar supérfluas partes do gênero humano, na medida em que estas podem ser eliminadas a qualquer momento.

Em relação ao mal radical, por fim, o inquietante é que dele nada pode emanar de bom, sendo suas características principais a falta de motivo, a falta completa de imaginação e a coerência da lógica pura em extrair as últimas consequências das premissas aceitas (2006a, p. 124). Isso porque a lógica, na política totalitária, não apenas domina a prática e a impulsiona a extremos "lógicos", como, em geral, é a única possibilidade de passar da teoria à prática (2006a, p. 196).

Arendt (2008a, p. 43) acentua, em relação a Auschwitz: "*Isso não devia ter acontecido*. E não me refiro apenas ao número de vítimas. Eu me refiro ao método, à fabricação de cadáveres e assim por diante – não preciso entrar nisso. Isso não era para ter acontecido". A análise da autora sobre o totalitarismo é, portanto, uma análise sobre algo que não deveria e não poderia ter acontecido. É uma reflexão sobre uma catástrofe que, uma vez ocorrida, tornou-se irremediável.

Paira sobre o conceito de totalitarismo a sombra e o peso dos milhões de mortos que ele abarca, e o pensamento arendtiano é marcado por esse peso. Temos, então, a ficção e a realidade, assim como temos o conceito e os mortos: se o totalitarismo criou um universo fictício para sobreviver, os mortos gerados por ele foram reais e contaram-se aos milhões. Quando Arendt trata da especificidade do totalitarismo, ela assinala, ao mesmo tempo, a originalidade e o vazio assustador encarnados pela figura de Eichmann. Ele é o mal absoluto que não se reconhece enquanto tal, o mal que tem como objetivo a construção de um novo mundo a partir do extermínio de inocentes.

III.

Os riscos da modernidade

1. Modernidade e estabilidade

Ao discutir a modernidade, Arendt preocupa-se primordialmente com a preservação do que seria seu oposto, ou seja, a estabilidade, pois é a própria estabilidade, segundo ela, que torna possível a ocorrência de mudanças. A autora, como acentua Villa (1996, p. 93), determina o mundo como um espaço definido e articulado pela existência de coisas duráveis. Já segundo Boitier (2001, p. 119), o critério de durabilidade é, para Arendt, a chave para a distinção das atividades humanas. Lafer (1991, p. 244), por fim, acentua: "A afirmação política de um mundo confiável requer que ele não seja erigido por uma geração e planejado apenas para a vida. Deve ter uma certa permanência, transcendendo, consequentemente, a existência individual dos homens". Temos, nessas análises, a mesma constatação: a afirmação da importância da estabilidade do mundo perante a precariedade e efemeridade da vida humana.

O risco da modernidade é o desaparecimento da estabilidade, a criação de um estado de impermanência que termina por aniquilar a continuidade indispensável à sobrevivência da civilização. Arendt (1987, p. 19) salienta: "O mundo se torna inumano, inóspito para as necessidades humanas – que são as necessidades de mortais –, quando violentamente lançado num movimento onde não existe mais nenhuma espécie de permanência". Desse modo, o mundo moderno é descrito por ela como um mundo crescentemente inóspito.

A estabilidade visa proteger a civilização da mortalidade humana, eternizando as ações produzidas pelos mortais. De acordo com a autora (2006a, p. 168), o tempo que é dado aos homens é sua eternidade, e é a partir dessa eternidade precária que é dado ao ser humano a tarefa de criar um universo que, este sim, almeje à imortalidade. Afinal, Arendt (1981, p. 107) acentua: "A realidade e a confiabilidade do mundo humano repousam basicamente no fato de que estamos rodeados de coisas mais permanentes que a atividade pela qual foram produzidas, e potencialmente ainda mais permanentes que a vida de seus autores". Porém, o mundo deixa de ser confiável quando a estabilidade que o sustenta desaparece.

O ser humano, para Arendt, é o único ser realmente mortal por ser o único a alcançar a individualização e, enquanto indivíduo, encontra-se marcado pela mortalidade. A civilização surgiu, então, como uma forma de o ser humano – perpetuando-se por meio de seus feitos e de seus produtos – superar a mortalidade que o caracteriza enquanto indivíduo. E um dos fatores que geraram a modernidade foi, segundo Arendt (1990, p. 179), precisamente o desejo de permanência:

> *O espírito político da modernidade nasceu quando os homens não mais se contentaram com impérios*

> *que surgiam e desapareciam em perpétua mudança, como se os homens almejassem estabelecer um mundo que pudesse durar para sempre, precisamente porque sabiam o quanto sua época estava tentando inovar todas as coisas.*

Entretanto, a estabilidade que caracteriza a civilização é, segundo Arendt (1990, p. 146), essencialmente precária:

> *Nem os pactos, nem as promessas que os sustentam, são bastantes para assegurar a perpetuidade, isto é, para conferir às coisas humanas aquela medida de estabilidade, sem a qual os homens seriam incapazes de construir um mundo para a posteridade, projetado e idealizado para sobreviver a suas próprias vidas mortais.*

Além disso, é contraditória na medida em que a civilização deriva da destruição imposta à natureza, o que é assinalado por Arendt (1972, p. 151): "A construção de um mundo humano envolve sempre alguma violência feita à natureza – temos que matar uma árvore para ter madeira, e temos que violar esse material para construir uma mesa".

Por outro lado, o ser humano não pode, segundo a autora (*apud* BRIGHTMAN, 1995, p. 277), simplesmente destruir a natureza ou dela se dissociar: "A cultura é sempre natureza culta – natureza cultivada e cuidada por um dos produtos da natureza chamado homem. Se a natureza morrer, a cultura também morrerá, junto com todos os artefatos da nossa civilização". Tal emancipação, porém, sob o impacto da modernidade, tem sido crescentemente, segundo Arendt (1989, p. 332), uma característica básica da condição humana:

> *O homem do século XX se tornou tão emancipado da natureza como o homem do século XVIII se emancipou da história. A história e a natureza tornaram-se, ambas, alheias a nós, no sentido de que a essência do homem já não pode ser compreendida em termos de uma nem de outra.*

A crítica da modernidade é um dos aspectos mais acentuados da análise arendtiana do totalitarismo. O totalitarismo, de fato, na perspectiva arendtiana, apenas levou ao extremo características essenciais da modernidade, ao mesmo tempo em que esta herdou os fundamentos do totalitarismo.

Da mesma forma, a ruptura gerada pela modernidade é associada por Arendt à ruptura gerada pelo totalitarismo, o que cria, na obra da autora, uma problemática e traumática associação entre ambos os fenômenos. A parte final de *Origens do totalitarismo* deixa, segundo Moruzzi (2000, p. 114), uma impressão de exaustão desolada e de suspeita de perda da continuidade da tradição ocidental. No livro, ainda segundo Moruzzi (200, p. 115), Arendt traça o declínio moderno da possibilidade política. Tal declínio, contudo, é visto por ela como herança do totalitarismo, o que leva Arendt a ressaltar, como acentua Brossat (1996, p. 75), o potencial destruidor póstumo dos regimes totalitários.

A ruptura gerada pelo totalitarismo é vista como definitiva, uma vez que a ruptura do pensamento ocidental por ele promovida foi irreparável, não permitindo mais forma alguma de retorno. A tradição moral e intelectual vinculada a esse pensamento tornou-se anacrônica perante a modernidade instaurada a partir de tal ruptura e hostil a ela, apesar de também se constituir como sua herdeira. Essa foi uma herança gerada por fatos, chegando ao mundo filosófico procedente de seu exterior.

Se o totalitarismo, ainda, empenhou-se em destruir a possibilidade de um mundo que pudesse ser compartilhado por todos os seres humanos, reservando-o a uma minoria de eleitos e empenhando-se em exterminar quem não fizesse parte dela, a era moderna representa, para Arendt, a destruição do mundo comum, já ensaiada no âmbito do universo totalitário.

Também a superfluidade do ser humano – que, exacerbada pelo totalitarismo, levou ao surgimento dos campos de concentração – permanece nos tempos modernos, agora sob outro formato, associado à tecnologia. Afinal, para Arendt, a superfluidade da vida humana, presente no surgimento do totalitarismo, não desaparece nas modernas democracias, sendo, pelo contrário, substituída pela automação.

Com isso, a categoria central da análise arendtiana dos tempos históricos de modernidade é a ruptura. Mas o que representa, no pensamento de Arendt, o conceito de ruptura? Ele representa o aniquilamento das categorias que formavam a tradição ocidental, que se mostraram incapazes de acomodar o universo do totalitarismo e da modernidade.

A ruptura com a tradição – sua perda, a incapacidade de orientar-se politicamente a partir dela – é, para Arendt, o grande drama político contemporâneo, uma espécie de matriz de todos os males. Segundo Arendt (2006a, p. 290), a ruptura com a tradição, pensada como ruptura na sucessão entre gerações que recebem a herança umas das outras, surgiu pela primeira vez depois da Segunda Guerra Mundial, quando já não foi percebida como ruptura.

Tal ruptura representa, portanto, a herança do totalitarismo, e a questão posta por ela é: de que forma, no mundo pós-totalitário, será possível reconstituir as condições mínimas de uma *vita activa* civilizada?

Suas origens são mais remotas. Quais foram, para ela, por exemplo, as consequências da ruptura ocorrida na Alemanha após o final da Primeira Guerra?

> *Publicamente falando, foi o declínio e queda do Estado-nação; socialmente, foi a transformação de um sistema de classes numa sociedade de massas; espiritualmente, foi a ascensão do niilismo, que por longo tempo fora preocupação de poucos mas então, subitamente, se convertia em fenômeno de massas (ARENDT, 1987, p. 195).*

A modernidade é definida como o processo histórico a partir do qual a ruptura foi consumada a partir da quebra entre presente e passado, e Lefort (1999, p. 28) acentua em relação a ela: "Ela já nos adverte que nos encontramos numa situação sem *precedente*. O tempo presente separa-se não apenas do passado próximo, mas de todo o passado, no qual não poderíamos mais buscar exemplos que nos servissem como orientação".

Pela primeira vez, portanto – e, mais precisamente, após o advento do totalitarismo –, o passado não serve mais de orientação para os que vivem o presente. Tal ruptura gera uma lacuna cuja importância e originalidade histórica é tal que caracteriza toda a nossa época, transformando-a em uma época lacunar por definição: a época em que algo se perdeu, em que a tradição foi quebrada, em que uma ausência se fez sentir.

Essa ruptura é marcada, também, pela perda da espontaneidade que os regimes totalitários buscaram suprimir na sociedade moderna – a sociedade de massas, uma vez que ambos os conceitos mal se diferenciam na análise arendtiana –, sendo marcada pela estratégia e pelo cálculo, e não pela espontaneidade, que se vê tolhida no espaço – a esfera pública – em que deveria se manifestar. Tal perda representa o declínio e, em situações extremas, o desaparecimento da esfera política.

Arendt (2007a, p. 78) assinala:

> *Como é justamente o aumento dos meios estatais de força que põe em perigo o processo de vida de toda a Humanidade, a resposta - em si já bastante duvidosa - que os tempos modernos oferecem à pergunta sobre o sentido da política tornou-se hoje duplamente duvidosa.*

A ruptura consumada pela modernidade ameaça, portanto, a sobrevivência da política, tornando duvidosa sua sobrevivência, e é representada, na obra de Arendt, pela emergência das massas, o que acentua, mais uma vez, a articulação entre modernidade e totalitarismo. O conformismo e a uniformidade produzidos pela sociedade de massas traduzem-se na substituição da ação pelo comportamento. Perde-se o conceito grego de indivíduo e, em substituição a ele, temos a padronização do modo de agir. Retoma-se na modernidade, então, o ideal codificado nos campos de concentração.

Assim como o mal encarnado por Eichmann é superficial, desprovido da capacidade de reflexão e julgamento, a sociedade de massas também é caracterizada pela autora a partir de sua superficialidade, vista como uma ameaça em um sentido próximo à descrição que Arendt faz do mal desprovido de profundidade praticado por Eichmann, uma superficialidade na qual o Eu ignora a si próprio, assim como Eichmann era incapaz de refletir sobre seus próprios atos.

Esse é um ponto de contato entre o totalitarismo e a sociedade de massas, mas não é o único, tampouco o mais importante ou o mais perigoso. O que une a ambos e torna a sociedade de massas um risco à sobrevivência da liberdade e, portanto, da política, é o conformismo que lhe é inerente, assim como no totalitarismo tal conformismo é condição de sobrevivência do regime.

Arendt (2008a, p. 441), de fato, acentua: "O risco do conformismo e a ameaça que ela representa para a liberdade são inerentes a todas as sociedades de massas". E ainda ressalta: "A sociedade de massas – que embaça as linhas de discriminação e nivela as distinções dos grupos – é um perigo para a sociedade como tal, mais do que para a integridade da pessoa, pois a identidade pessoal tem a sua origem para além da esfera social" (ARENDT, 2004, p. 274). Tal sociedade é definida, portanto, como igualitária por natureza, o que faz com que ela tenda a liquidar a pluralidade política e, com isso, a mimetizar a homogeneidade totalitária.

O totalitarismo, ou pelo menos sua ameaça, para a autora, não desapareceu, enfim, com o fim dos regimes totalitários, uma vez que as massas permanecem onde as classes deveriam existir. Além disso, os propósitos imperialistas de dominação mundial – capitalistas ou comunistas – não desapareceram do horizonte, com as massas tomando-os como guias. Ele sobrevive, portanto, onde e quando as massas impõem o seu domínio. Mas como defini-las a partir da perspectiva arendtiana?

O que caracteriza as massas, para Arendt, não é sua condição socioeconômica ou sua condição cultural e, sim, a ausência de pensamento entre seus membros, tratando-se antes de tudo, portanto, de uma categoria intelectual. Por isso, para a autora, a ausência de pensamento pode ocorrer tanto entre pessoas com alto nível de informação como entre pessoas ignorantes, o que é indesejável, pois as massas são definidas a partir de sua incapacidade de pensar.

As massas não são definidas, ainda, em termos quantitativos, o que é acentuado por Arendt (1981, p. 62):

> *O que torna tão difícil suportar a sociedade de massas não é o número de pessoas que ela abrange, ou pelo menos não é este o fator fundamental; antes é o fato de que o mundo entre elas perdeu a força de mantê-las juntas, de relacioná-las umas às outras e de separá-las.*

Elas não surgem, portanto, apenas quando uma multidão, em termos numéricos, é socialmente constituída, e não são necessariamente constituídas por ela. Elas surgem quando as pessoas permanecem atomizadas, o que deixa nítido o sentido conservador do conceito arendtiano de sociedade de massas, que descreve um mundo oposto ao conceito aristocrático de *polis*.

Arendt (1987, p. 151) salienta:

> *A desolação de um subúrbio americano, ou dos bairros residenciais de muitas cidades, onde toda a vida das ruas se concentra nas pistas e a pessoa pode andar pelas calçadas, agora reduzidas a trilhas, por quilômetros a fio sem encontrar um único ser humano, é o exato oposto de Paris.*

Tais subúrbios são vistos, então, como exemplares no que tange ao isolamento no qual vivem seus habitantes, sendo que o que caracteriza as massas é o isolamento de seus membros, isto é, o isolamento em meio à multidão, o isolamento que, segundo Arendt (1972, p. 125), caracteriza os dias de hoje: "A época moderna, com sua crescente alienação do mundo, conduziu a uma situação em que o homem, onde quer que vá, encontra apenas a si mesmo".

A autora (2008a, p. 378) descreve sua gênese:

> *O isolamento se desenvolve quando o homem não encontra companhia que o salve da natureza dual de sua solidão, ou quando o homem como indivíduo, precisando constantemente dos outros para sua individualidade, é abandonado ou separado dos demais. Nesse caso, ele fica totalmente isolado, abandonado até por sua própria companhia.*

E o define como uma forma de alheamento:

> *Um número cada vez maior de pessoas nos países do mundo ocidental, o qual encarou desde o declínio do mundo antigo, a liberdade em relação à política, como uma das liberdades básicas, utiliza tal liberdade e se retira do mundo e de suas obrigações junto a ele (ARENDT, 1987, p. 14).*

Tal isolamento é definido por Arendt (1987, p. 18), por sua vez, como uma decorrência do desaparecimento do espaço público: "Quando os homens são privados do espaço público – que é constituído pela ação conjunta e a seguir se preenche, de acordo consigo mesmo, com os acontecimentos e estórias que se desenvolvem em história –, recolhem-se para sua liberdade de pensamento".

Mas tal isolamento, acentua Arendt (2008a, p. 317), está longe de ser visto como uma perda pelos que dele sofrem, sendo avaliado, antes, como uma condição à qual se deve aspirar: "Não julgar e não agir de forma alguma é uma condição a que muita gente no mundo moderno aspira como a maior diversão".

O isolamento é definido como a antítese da solidão. Ele surge quando a solidão é eliminada, quando sua fruição se torna inviável. À vista disso, a ameaça representada pelo desaparecimento da solidão é definida por Arendt (2008a, p. 67) como mais um laço a unir a modernidade ao totalitarismo:

> *Nós, que já tivemos experiências com organizações de massa totalitária cuja preocupação primordial era eliminar toda possibilidade de solidão – salvo na forma não humana do confinamento solitário – podemos atestar que, se não assegurar às pessoas a possibilidade de estarem algum tempo por menor que seja só consigo mesmas, não apenas as formas seculares de consciência, mas também a totalidade das religiosas, serão abolidas.*

Por outro lado, o que caracteriza a modernidade e prepara a transposição do totalitarismo para os tempos modernos é a transformação da solidão em isolamento:

> *O que prepara os homens para o domínio totalitário no mundo não-totalitário é o fato de que a solidão, que já foi uma experiência fronteiriça, sofrida geralmente em certas condições sociais marginais como a velhice, passou a ser, em nosso século, a experiência diária de massas cada vez maiores (ARENDT, 1989, p. 530).*

A solidão é, afinal, o espaço no qual o ser humano consegue fruir de sua liberdade individual, ao passo que o isolamento em meio à multidão representa a perda dessa liberdade.

2. O ideal perdido

A antítese do isolamento moderno é, para Arendt, a *polis* grega, vista como *locus* de um ideal perdido. Esse é o passado no qual a autora busca e, ao mesmo tempo, situa as fontes de seu pensamento político e de seu ideário. É no passado que ela situa a existência de seu mundo político ideal, mais precisamente na Grécia.

Arendt (1990, p. 25) acentua, em relação à política tal como vivida pelos gregos: "A vida de um homem livre necessitava da presença de outros. Em consequência, a própria liberdade demandava um lugar onde as pessoas pudessem se reunir – a ágora, o mercado público, ou a *polis*, o espaço político propriamente dito". Arendt (2008b, p. 56) ainda acentua, em relação à política grega:

> *A palavra* doxa *significa não apenas opinião, mas também esplendor e fama. Como tal, ela está relacionada à esfera política, que é a esfera pública na qual todo mundo pode aparecer e mostrar quem é. Afirmar a própria opinião fazia parte de ser capaz de mostrar-se, ser visto e ouvido pelos demais.*

Eis a concretização do ideal arendtiano: a ausência de isolamento, a construção de um espaço político definido pela liberdade dos que nele ingressam.

Segundo Euben (2000, p. 151), Arendt toma a Grécia como ponto de partida e referência, como a expressão original e, em alguns aspectos, como a quintessência do poder e da liberdade, principalmente no que diz respeito à democracia ateniense. Já Brunkhorst (2000, p. 178) ressalta como o conceito arendtiano de liberdade deriva de duas fontes, quais sejam, a *polis* grega e a *res publica* romana. Zerilli (1995, p. 179) menciona a existência de um local não teorizado e de uma ansiedade não expressa acerca do corpo materno na narrativa que Arendt faz da cidade-Estado. Esta surge no pensamento arendtiano, de fato, como a expressão ancestral da liberdade, como sua célula materna.

Arendt (1981, p. 213) lembra que "a fundação de cidades que, como as cidades-Estado, converteram-se em paradigmas para toda a organização política ocidental, foi na verdade a condição prévia mais importante do poder". E, nesse sentido, Pocock (1975, p. 550) menciona o *homo politicus* descrito por Arendt como um ideal antigo no qual a sua virtude era um meio de ação política.

A *polis* é, para Arendt, um fenômeno ao mesmo tempo histórico e normativo. Foi, afinal, uma realidade histórica concreta, mas foi, também, um conjunto de normas políticas que se situam na origem do pensamento político ocidental e formam sua base, o que é destacado por Arendt (1987, p. 174): "A *polis* grega continuará a existir na base de nossa existência política – isto é, no fundo do mar – enquanto usarmos a palavra 'política'".

A tradição política ocidental, para Arendt, deriva do mundo greco-romano e extrai dele suas virtudes, suas práticas e seus conceitos. O conceito de política externa, por exemplo, ou seja, "a concepção de uma ordem política fora das fronteiras do próprio corpo do povo ou da cidade", foi, segundo Arendt, criado pelos romanos e corre o risco de desaparecer a partir do momento em que a guerra visar não mais dominar, mas, sim, exterminar o adversário: "Pois o que é exterminado numa guerra é muitíssimo mais que o mundo do adversário derrotado; é sobretudo o espaço intermédio entre os parceiros da guerra e entre os povos, que em sua totalidade formam o mundo na terra" (ARENDT, 2007a, p. 123).

O espaço público grego, tal como descrito por Arendt, estrutura-se a partir de uma relação entre iguais. Segundo Lefort (1991, p. 69), "o poder exerce-se aí numa relação entre homens que é uma troca de falas, em vista de decisões que concernem a todos". Porém, o próprio Lefort (1991, p. 73) questiona a descrição idealizada feita pela autora ao afirmar: "Seria admissível indagar ainda como, por trás da fachada da igualdade política, eram efetivamente tomadas as decisões, e por quais meios alguns homens conseguiam exercer uma autoridade duradoura sobre tal ou qual parte do povo".

Tal elogio, por fim, gera problemas percebidos com precisão por Carvalho (2002, p. 122), que, incluindo Arendt entre estes, menciona a existência de

> *Autores contemporâneos que ainda defendem a importância da preservação da liberdade positiva dos antigos, mas dificilmente se encontra neles justificativa para o comportamento virtuoso que vá além da exortação moral ou de argumentos racionais sem força para mover as pessoas à ação.*

Wolin (1995, p. 256), por sua vez, acentua:

> *No final, porém, a sua perspectiva acaba por ser demasiadamente antiquada. Apesar de poder ser esclarecedora em muitos aspectos, a sua adesão a um modo de política pericleano-ateniense significa que a sua perspectiva é seriamente dispare relativamente aos termos e às exigências da prática política no mundo moderno.*

Mas, por outro lado, Arendt usa os gregos, como assinala McGowan (1998, p. 38), para confrontar, precisamente, as sensibilidades modernas. Ela os usa, enfim, para ressaltar a perda que se deu ao longo do desenvolvimento da tradição política ocidental, perda esta maximizada pelo advento da modernidade.

Arendt constrói um modelo retrospectivo da Grécia Antiga e, a partir daí, traça o progressivo declínio deste modelo no curso da história ocidental, mas tal modelo tende a desaparecer a partir da cisão entre indivíduo e sociedade que caracteriza a modernidade, uma vez que a modernidade é caracterizada pela ascensão da esfera social e pelo declínio tanto da esfera pública quanto da esfera privada. Já na Grécia, para a autora, o mundo estava dividido entre ambas as esferas. Foi a partir do momento em que as necessidades individuais invadiram a esfera pública que a herança grega, enquanto fundamento dessa esfera, entrou, na perspectiva arendtiana, em colapso.

A política é, para Arendt, o oposto do isolamento por ser o espaço da pluralidade, sendo essa a condição para a realização da ação a ser realizada em um espaço público e diante da presença de outros. A autora pensa a ação política como a ação que extrai sua dignidade de sua capacidade de fundar novos mundos.

Nesse espaço – e apenas nele – ocorrem os atos de fundação, aos quais a autora confere um sentido primordial na acepção etimológica da palavra: são os primeiros, aqueles que fundam uma continuidade que se transforma em tradição e nasce da ruptura, expressando a capacidade humana de herdar e de inovar, renovando, com isso, a sua própria condição.

Não se trata, porém, de postular um retorno utópico aos momentos de fundação, uma vez que o passado não pode ser simplesmente recuperado. O que se propõe é um retorno às fontes que devem ser preservadas, pois nelas residem a virtude e o ideal político.

Se a teoria política arendtiana herdou da Grécia o conceito de *polis*, ela herdou de Roma o conceito de fundação. Os romanos problematizaram o momento da fundação e o transformaram em tradição imorredoura: a fundação da *polis*, momento que não pode ser esquecido por ser a origem das virtudes cívicas a serem transmitidas de uma geração para outra. A herança romana é definida como sendo de fundamental importância, uma vez que, segundo Arendt (2006a, p. 36), o problema da política é o problema da fundação.

Fica, assim, a importância do conceito, em relação ao qual Arendt (1990, p. 161) acentua: "A própria coincidência da autoridade, da tradição e da religião, todas três emergindo simultaneamente do ato de fundação, foi a espinha dorsal da história romana, do princípio ao fim".

A autora (1972, p. 166) ressalta, ainda em relação a Roma: "A tradição preservava o passado legando de uma geração a outra o testemunho dos antepassados que inicialmente presenciaram e criaram a sagrada fundação e, depois, a engrandeceram por sua autoridade no transcurso dos séculos". Ademais, assinala como a Igreja transformou-se na herdeira desse conceito: "Graças ao fato de que a fundação da cidade de Roma se repetiu na fundação da Igreja Católica, embora, evidentemente, com conteúdo radicalmente diverso, a tríade romana de religião, autoridade e tradição pôde ser assumida pela era cristã" (1972, p. 169). Afinal, segundo Arendt (2006a, p. 332), o nascimento de Jesus logo se converte para a *civitas* da Igreja Romana no que, para a República romana, é a fundação de Roma, isto é, o decisivo começo, que, por sua autoridade, impõe e funda a tradição.

Para Arendt (2006a, p. 291), tradição, religião e autoridade formam uma tríade e não podem ser separadas. Porém, nas palavras da autora (1972, p. 185), "o famoso 'declínio do Ocidente' consiste fundamentalmente no declínio da tríade romana de religião, tradição e autoridade, com o concomitante solapamento das fundações especificamente romanas de domínio político". Tal herança foi, portanto, irremediavelmente solapada, e isso, como ressalta Arendt (1991, p. 159), é um acontecimento histórico a ser constatado:

> *A perda dessa trindade não destrói o passado, e o processo de desmontagem, em si mesmo, não é destrutivo; ele apenas tira conclusões a respeito de*

> *uma perda que é um fato e, como tal, não pertence à 'história das idéias', mas à nossa história política, à história do nosso mundo.*

O diálogo entre a tradição e a modernidade é, segundo Arendt (2008b, p. 85), um diálogo de surdos:

> *O que importa é que, desde o século XIX, a tradição manteve um impenetrável silêncio sempre que confrontada com questões especificamente modernas e que a vida política, em todos os lugares onde é moderna e passou por processos de industrialização e igualdade universal, desconsiderou constantemente os seus próprios parâmetros.*

A tradição, portanto, é incapaz de compreender uma modernidade que a ignora e que a destrói. O desaparecimento da tradição gera, por sua vez, o desaparecimento da autoridade. Arendt (1987, p. 165) acentua: "Na medida em que o passado foi transmitido como tradição, possui autoridade; na medida em que a autoridade se apresenta historicamente, converte-se em tradição". Por essa razão, quando ela perde seu fundamento histórico a partir do solapamento da tradição, a autoridade se desvanece.

Com isso, na medida em que o pensamento político arendtiano possui um componente aristocrático, tal componente relaciona-se de forma íntima com a defesa e o elogio da tradição, feito de forma enfática pela autora como o reconhecimento de sua necessidade e com o caráter modelar atribuído por ela ao poder exercido na Antiguidade.

E porque a religião, enquanto sustentáculo da autoridade, também é incapaz de resistir ao impacto da modernidade? Tal questão pode ser conectada às origens do totalitarismo, uma vez que estas foram diversas. Na análise de Arendt, como aponta Lefort (1999, p. 29), um dos fatores que permitiram o surgimento do totalitarismo foi a secularização, uma vez que a afirmação das leis absolutas defendidas por nazistas e comunistas teve como base "a erosão que havia sofrido anteriormente a fé numa verdade acima dos homens, a fé numa lei transcendente, quer fosse definida como direito natural ou emanasse dos mandamentos de Deus".

Surgem, aqui, outras questões: como tal erosão se deu, quais foram suas origens, quais são suas consequências, como é possível relacioná-la com o impacto da modernidade?

Uma característica da modernidade, segundo Arendt (2008a, p. 403), é o desaparecimento da crença em qualquer forma de punição que não seja estritamente secular:

> *A principal característica política de nosso mundo secular moderno, ao que parece, é o fato de que um número cada vez maior de pessoas está deixando de acreditar em punição e recompensa após a morte, enquanto o funcionamento das consciências individuais ou a capacidade da multidão de perceber a verdade invisível continuam politicamente tão inconfiáveis como sempre.*

Tal perda, ao mesmo tempo em que é enfatizada, é reconhecida pela autora (1989, p. 497) como um desastre: "Talvez nada melhor do que a perda da fé num Julgamento Final distinga tão radicalmente as massas modernas daquelas dos séculos passados: os piores elementos perderam o temor, os melhores perderam a esperança". Arendt (1972, p. 180) lamenta claramente o desaparecimento do conteúdo normativo dessas crenças:

> *Superficialmente falando, a perda da crença em existências futuras é politicamente, senão espiritualmente, a distinção mais significativa entre o presente período e os séculos precedentes. E essa perda é definitiva. Não importando quão religioso o nosso mundo possa tornar a ser, ou quanta fé autêntica ainda exista nele, ou ainda quão profundamente nossos valores morais possam se enraizar nos nossos sistemas religiosos, o medo do inferno não está mais entre os motivos que impediriam ou estimulariam as ações da massa.*

Com isso, toda e qualquer tradição fundamentada nessas crenças tende ao enfraquecimento e, com isso, a consequência básica do processo de secularização é o enfraquecimento da autoridade, o que é salientado por Arendt (2008a, p. 122): "A aceitação da tradição sem uma autoridade fundada na religião é sempre não coercitiva porque qualquer coisa aceita nessas condições perdeu tanto seu verdadeiro conteúdo quanto seu direito manifesto sobre os homens em forma de autoridade".

Uma série de elos é, portanto, estabelecida. O enfraquecimento da religião leva ao esvaziamento da autoridade, mas o esvaziamento da tradição leva ao enfraquecimento da crença religiosa, com todo esse processo sendo coroado pelos questionamentos trazidos pela modernidade, que não mais encontram anteparos que possam fornecer respostas e soluções.

Com o enfraquecimento da tradição baseada na religião, assistimos, portanto, à derrocada da autoridade fundamentada na tradição. Tal processo teve início, segundo Arendt (1972, p. 103), a partir de uma cisão que se mostrou definitiva e irremediável:

> *O fato é que a separação entre Igreja e Estado ocorreu, eliminando a religião da vida pública, removendo todas as sanções religiosas da política, e fazendo com que a religião perdesse aquele elemento político que ela adquirira nos séculos em que a Igreja Católica Romana agia como a herdeira do Império Romano.*

A separação entre Igreja e Estado gerou uma situação de impotência, uma vez que as punições a serem aplicadas também foram secularizadas e, com isso, perderam a dimensão que as justificava. Arendt (1991, p. 344) acentua: "Há uma estranha e inerente impotência nos sistemas legais de comunidades inteiramente secularizadas; sua pena máxima, a pena de morte, somente data e acelera um destino a que todos os mortais estão sujeitos". A autora ressalta, também, que foi a própria esfera pública que viu desaparecer um de seus fundamentos: "Talvez o mais claro indício do desaparecimento da esfera pública na era moderna seja a quase completa perda de uma autêntica preocupação com a imortalidade, perda esta um tanto eclipsada pela perda simultânea da preocupação metafísica com a eternidade" (ARENDT, 1981, p. 65).

Mesmo o ato de se afastar do mundo perde com o processo de secularização, segundo Arendt (1997, p. 177), a autoridade que lhe era própria: "O recolhimento religioso perante Deus perde com o movimento geral da secularização a autoridade que lhe era reconhecida e torna-se simplesmente um recolhimento sobre a própria vida".

E, segundo Arendt (1991, p. 207), a secularização transformou o futuro em algo contingente:

> *É óbvio que a progressiva secularização, ou melhor, descristianização do mundo moderno, ligada, como estava, a uma ênfase inteiramente nova no futuro, no progresso, e, portanto, nas coisas que não são nem necessárias nem eternas, acabaria por expor os pensadores à contingência de todas as coisas humanas de uma maneira mais radical e impiedosa do que nunca.*

Por fim, para Dostoiévski, segundo Arendt (2007c, p. 275), a Rússia é um país único porque seu povo ainda possui fé, embora seus intelectuais já a tenham perdido. A preservação da fé, para Arendt – embora ela mesma seja uma das intelectuais que não a possui – funciona como um dique contra a maré nefasta do modernismo, e, assim, deve ser preservada.

3. Ação, trabalho e labor

Arendt, como acentua Hansen (1993, p. 14), certamente não era marxista e tinha muito pouca simpatia pelo marxismo em todas as suas formas, "ortodoxa" ou "crítica", "soviética" ou "ocidental". Contudo, Karl Marx, de acordo com a autora, representa melhor que nenhum outro pensador a ruptura representada pela modernidade, ao mesmo tempo em que se situa em sua base.

A narrativa filosófica arendtiana, segundo Fine (2001, p. 101), segue o seguinte delineamento: a forma tradicional da filosofia, que tem sua origem em Platão, vê os acontecimentos da esfera humana em termos de "trevas, confusão e decepção" e efetua a busca pela Verdade, pela Beleza e pela Justiça além da esfera mundana das necessidades empíricas, ao passo que Hegel e Marx recolocam a filosofia neste mundo e a reconectam com a vida política e social dos seres humanos.

Nesse percurso, Marx efetua, segundo Arendt, ao glorificar a violência e ao situar o trabalho no centro da esfera política, uma negação radical dos pressupostos do pensamento grego. Afirma, então, a autora: "A teoria das superestruturas ideológicas de Marx assenta-se, em última instância, em sua hostilidade antitradicional ao discurso e na concomitante glorificação da violência" (ARENDT, 1972, p. 50).

E é tal concepção que Arendt busca contestar ao dissociar política, associando-a à reflexão e à ação individual, e atividade econômica, acentuando: "A sociedade é a forma na qual o fato da dependência mútua em prol da subsistência, e de nada mais, adquire importância pública, e na qual as atividades que dizem respeito à mera sobrevivência são admitidas em praça pública" (ARENDT, 1981, p. 56). Fazendo isso, porém, ela cria uma perspectiva aristocrática da *polis*, não mais aceitável.

Kohn (2008b, p. 15) salienta:

> *O fato de o marxismo ter rompido a autoridade da tradição era uma condição maximamente negativa do totalitarismo bolchevique. O fato de nem a tradição nem a sua autoridade poderem ser restauradas no mundo pós-totalitarista era decisivo para Arendt.*

A ruptura promovida por Marx é associada, portanto, à ruptura promovida pelo totalitarismo, mas Arendt, como ressalta Duarte (2000, p. 94), não compartilha das esperanças relacionadas a ela:

> *Se Arendt e Marx concordam quanto aos efeitos desumanizadores do trabalho sobre o trabalhador, ela não guardava qualquer expectativa quanto à possibilidade de sua abolição em uma sociedade futura, organizada a partir da socialização dos meios de produção e da abolição da propriedade privada.*

Mas, afinal, que ruptura Marx promoveu?

A obra de Marx representa o ponto de chegada da tradição clássica, o que é acentuado por Arendt (1972, p. 43): "A tradição de nosso pensamento político teve seu início definido nos ensinamentos de Platão e Aristóteles. Creio que ela chegou a um fim não menos definido com as teorias de Karl Marx".

Contudo, representa também o ponto no qual esta foi destruída, o que leva Arendt (1972, p. 44) a acrescentar: "O fim sobreveio quando um filósofo repudiou a Filosofia, para poder 'realizá-la' na política".

Segundo a autora (2006a, p. 70), o grande mérito de Marx consiste em fundar a vida pública e o ser do homem no trabalho e não na família. Por outro lado, Marx, segundo Arendt (2006a, p. 253), queria conferir à política a dignidade da história e ao trabalho a dignidade da produtividade, mas o certo, conclui ela, é que ele pôs tudo a perder, e isso ocorre na medida em que ele, segundo Arendt (1981, p. 117), valoriza o trabalho em detrimento da ação:

> *O fato é que, em todos os estágios de sua obra, ele define o homem como* animal laborans *para levá-lo depois a uma sociedade na qual este poder, o maior e mais humano de todos, já não é necessário. Resta-nos a angustiosa alternativa entre a escravidão produtiva e a liberdade improdutiva.*

Já em relação às consequências desse processo, Alves Neto (2008, p. 256) acentua:

> *Hannah Arendt considera que ninguém melhor que Karl Marx anteviu e analisou as implicações da introdução do conceito de processo na atividade fabricadora, mas ele não teria sido capaz de perceber o caráter desastroso dessas consequências para o lado público do mundo.*

Marx soube, então, perceber e delinear os pressupostos da modernidade, mas contribuiu, de forma desastrosa, para sua consolidação.

Para Arendt, segundo Chenavier (2001, p. 303), Marx soube revelar o caráter desmesurado do "processo vital da sociedade", mas a contradição marxiana, segundo ela, foi tentar resolver o problema com base na ampliação desse mesmo caráter a partir do desenvolvimento supostamente ilimitado das forças produtivas. Portanto, o que, para Marx, seria a solução, é visto por Arendt como o cerne problemático da modernidade.

Arendt (2007, p. 74) acentua: "O que os tempos modernos esperavam de seu Estado e o que esse Estado fez, de fato, em grande escala foi uma libertação dos homens para o desenvolvimento das forças produtivas sociais, para a produção comum de mercadorias necessárias para uma vida 'feliz'". Tal libertação ocorreu efetivamente, mas pode se transformar cada vez mais em maldição, pois a autora (1990, p. 174), afinal, ressalta: "O crescimento econômico pode, algum dia, vir a ser antes uma maldição do que uma benção, e, em nenhuma condição, pode levar à liberdade ou servir como prova de sua existência".

Arendt diferencia pensamento e cognição. Segundo ela, "a cognição sempre tem um fim definido, que pode resultar de considerações práticas ou de mera curiosidade; mas, uma vez atingido esse fim, o processo cognitivo termina". Já o pensamento não é prático, não gera um conhecimento que possa tornar-se útil – isso é função da cognição – e a "filosofia utilitária do *homo faber*" não se cansa, segundo ela, de proclamar a inutilidade do pensamento (1981, p. 184).

Ainda nas palavras da autora (1972, p. 113), "nem a liberdade nem qualquer outro significado podem ser jamais o produto de uma atividade humana no sentido de que a mesa é, evidentemente, o produto final da atividade do carpinteiro". Arendt (1981, p.

140) acentua: "Do ponto de vista de 'prover o próprio sustento', toda atividade não relacionada com o labor torna-se 'hobby'".

Toda e qualquer atividade que não esteja diretamente relacionada à sobrevivência perde, assim, seu caráter essencial, tornando-se secundária. A valorização do trabalho representa, portanto, a desvalorização do pensamento e da liberdade que lhe é própria; consequência da ruptura promovida por Marx.

A partir dessa ruptura, para Arendt, a existência do *homo politicus* tem sido eclipsada na Era Moderna primeiro pelo *homo faber* e, mais recentemente, pelo *animal laborans*, devendo, porém, ser restaurado seu predomínio. Arendt (1981, p. 232), então, salienta: "Essa tentativa de substituir a ação pela fabricação era visível em todos os argumentos contra a 'democracia', os quais, por mais coerentes e racionais que sejam, sempre se transformam em argumentos contra os elementos essenciais da política", e acrescenta:

> *Toda a terminologia da teoria e do pensamento político atesta claramente o quanto foi persistente e bem-sucedida a transformação da ação em modalidade da fabricação e torna quase impossível discutir esses assuntos sem que se empregue a categoria de meios e fins e se raciocine em termos de 'instrumentalidade'.*

É decisivo no pensamento de Arendt, portanto, o contraste entre vida econômica e vida política, com a ação política dissociando-se da ação produtiva. Consiste, nas palavras de Jouvenel (1978, p. 193), em um "contraste que representa a discussão pública moderna, alimentada por todas as preocupações materiais que, segundo assevera essa escritora, costumavam permanecer na obscuridade familiar, mas hoje são espalhadas pela praça".

O que tornam dramáticas, ainda, as consequências da valorização do trabalho feita por Marx é o fato de o trabalho, segundo Arendt (1989, p. 527), ser apolítico por definição: "O homem, como *homo faber*, tende a isolar-se com o seu trabalho, isto é, a deixar temporariamente o terreno da política". Ainda nas palavras da autora, "historicamente, a última esfera política, o último lugar de reunião, que de alguma forma se relaciona com a atividade do *homo faber*, é o mercado de trocas onde seus produtos são exibidos" (ARENDT, 1981, p. 175). A esfera pública correspondente ao trabalho, portanto, é o mercado, enquanto a esfera pública correspondente ao ócio é a assembleia. Arendt reafirma, assim, sua concepção aristocrática da política.

A distinção arendtiana entre o mundo do trabalho e o mundo da política passa pelo fato de, segundo a autora, apenas este mundo permitir a construção de um "mundo comum", enquanto o labor limita-se a criar condições para a reprodução da vida, sendo indispensável nesse sentido, mas não indo além dele. Portanto, ao não ultrapassar o mundo do trabalho, o ser humano mantém-se nos limites de sua sobrevivência material, deixando escapar um aspecto de sua condição que apenas a política, ou seja, a ação e o discurso, pode efetivar. É preciso, portanto, que a esfera pública se mantenha alheia à esfera produtiva.

Mas o que ocorreu, segundo Arendt (1981, p. 146), foi a ocupação – o que, no caso, significa a destruição – da esfera pública pelo *animal laborans*:

> *A verdade bastante incômoda de tudo isto é que o triunfo do mundo moderno sobre a necessidade se deve à emancipação do labor, isto é, ao fato de que o* animal laborans *pôde ocupar a esfera pública; e, no entanto, enquanto o* animal laborans *continuar de posse dela, não poderá existir uma esfera verdadeiramente pública, mas apenas atividades privadas exibidas em público.*

Na obra de Arendt os fatos que constituem a atividade de fabricação ou reprodução são definidos de maneira unívoca, ao passo que a ação é subtraída à univocidade. Com isso, a esfera do trabalho ignora a pluralidade que caracteriza a esfera política e a torna necessariamente ambígua, e mesmo a estabilidade que caracterizaria a esfera do trabalho, definida em oposição à instabilidade permanente da esfera política, marcada pela ação e pelo diálogo, revela-se enganosa.

Arendt (1981, p. 303) salienta: "Seja como for, a experiência fundamental que existe por trás da inversão de posições entre a contemplação e a ação foi precisamente que a sede humana de conhecimento só pôde ser mitigada depois que o homem depositou sua fé no engenho das próprias mãos", mas tal experiência, ressalta a autora (1981, p. 306), traz consequências dramáticas:

> *A convicção de que a verdade objetiva não é dada ao homem e que ele só pode conhecer aquilo que ele*

> *mesmo faz não advém do ceticismo, mas de uma descoberta demonstrável e, portanto, não leva à resignação, mas a uma atividade redobrada ou ao desespero.*

Arendt (1981, p. 333) acentua: "O único fato de que podemos estar seguros é que a coincidência da inversão de posições entre a ação e a contemplação com a inversão precedente entre a vida e o mundo veio a ser o ponto de partida para todo o desenvolvimento moderno".

Com isso, o conceito platônico de modelo, baseado no elogio da contemplação, foi substituído pelo conceito de processo, sendo essa, segundo Arendt (1981, p. 309), outra consequência do triunfo da esfera do trabalho: "No lugar do conceito do Ser, encontramos agora o conceito de Processo".

Afinal, possui validade apenas aquilo que é fabricado, e não aquilo que é pensado, mas, novamente, é construída uma estabilidade ilusória, o que é salientado por Arendt (1981, p. 313): "A idéia de que só aquilo que vou fazer será real – perfeitamente verdadeira e legítima na esfera da fabricação – é sempre derrotada pelo curso real dos acontecimentos, no qual nada acontece com mais frequência que o totalmente inesperado".

Para Arendt, segundo Narcy (2001, p. 197), o trabalho é, por si próprio, estranho à esfera propriamente humana, qual seja, a esfera da cidade e do espaço político. Mas, segundo Arendt (2006a, p. 413), a emancipação das classes trabalhadoras significa, essencialmente, não o domínio das massas, mas a transformação do trabalho em algo público e político. Com isso, trabalhar deixa de ser uma atividade privada para se transformar em algo público, com a necessidade, então, sendo introduzida na ação política.

Arendt (1981, p. 90) alerta: "A distinção que proponho entre labor e trabalho é inusitada". Tomemos, então, a fundamental distinção efetuada pela autora entre labor, trabalho e ação:

> *O labor assegura não apenas a sobrevivência do indivíduo, mas a vida da espécie. O trabalho e seu produto, o artefato humano, emprestam certa permanência e durabilidade à futilidade da vida mortal e ao caráter efêmero do tempo humano. A ação, na medida em que se empenha em fundar e preservar corpos políticos, cria a condição para a lembrança, ou seja, para a história.*

O trabalho diferencia-se do labor, portanto, a partir da durabilidade de seus produtos: "Vistos como parte do mundo, os produtos do trabalho – e não apenas os produtos do labor – garantem a permanência e a durabilidade sem as quais o mundo simplesmente não seria possível" (1981, p. 105).

A permanência, no que diz respeito ao trabalho, está relacionada ao processo por ser nele que o produto do trabalho ganha durabilidade. Ganhando uma dimensão processual, tal produto pode ser compartilhado pelos que virão depois de sua criação, sendo incorporado por eles e transcendendo, a partir de tal incorporação, a sua existência isolada.

Já o labor, diferentemente do trabalho, é incapaz por si só de estabelecer uma rede de relações sociais, já que o corpo, nele, "concentra-se apenas no fato de estar vivo, e permanece preso ao seu metabolismo com a natureza sem jamais transcender ou libertar-se do ciclo repetitivo do seu próprio funcionamento" (ARENDT, 1981, p. 127). Por isso, finalmente, a atividade dos seres que a ele se dedicam é naturalmente limitada: "O *animal laborans* que, com o próprio corpo e a ajuda de animais domésticos, nutre o processo da vida, pode ser o amo e senhor de todas as criaturas vivas, mas ainda é servo da natureza e da terra; só o *homo faber* se porta como amo e senhor de toda a terra" (p. 152). Para Arendt, segundo Taminiaux (1992, p. 42), a atividade do trabalhador interrompe, viola, subjuga ou destrói os processos naturais e gera, com isso, a distinção básica entre trabalho e labor.

Arendt (1981, p. 99) diferencia:

> *Ao contrário da produtividade do trabalho, que acrescenta novos objetos ao artifício humano, a produtividade do labor só ocasionalmente produz objetos; sua preocupação fundamental são os meios da própria reprodução; e, como a sua força não se extingue quando a própria reprodução já está assegurada, pode ser utilizada para a reprodução de mais um processo vital, mas nunca 'produz' outra coisa senão 'vida'.*

E acrescenta:

> *Ao contrário do processo de* trabalhar, *que termina quando o objeto está acabado, pronto para ser*

> *acrescentado ao mundo comum das coisas, o processo do labor move-se sempre no mesmo círculo prescrito pelo processo biológico do organismo vivo, e o fim das 'fadigas e penas' só advém com a morte desse organismo (1981, p. 109).*

Arendt (1981, p. 319) acentua: "De modo geral, a mais antiga convicção do *homo faber* – de que 'o homem é a medida de todas as coisas' – foi promovida ao posto de lugar-comum universalmente aceito". Com isso, contudo, temos uma inversão radical no que tange aos ideais ligados às diferentes esferas da vida humana. Se o ideal da política é a liberdade e o ideal do trabalho é a permanência, o ideal do labor é a abundância, e é esse ideal, segundo Arendt (1981, p. 138), que tem prevalecido no mundo moderno: "Os ideais do *homo faber*, fabricante do mundo, que são a permanência, a estabilidade e a durabilidade, foram sacrificados em benefício da abundância, que é o ideal do *animal laborans*".

Arendt (1981, p. 167) acentua: "A perplexidade do utilitarismo é que se perde na cadeia interminável de meios e fins sem jamais chegar a algum princípio que possa justificar a categoria de meios e fins, isto é, a categoria da própria utilidade". Para Arendt, a utilidade como ideal conduz ao utilitarismo, posição extrema e paradoxal, na qual nada vale por si próprio e possui sentido, uma vez que é apenas um meio para a obtenção de outra coisa que, uma vez alcançada, sofrerá a mesma degradação, ou seja, sua redução à categoria de objeto de uso, com o utilitarismo gerando, por fim, o relativismo universal de todos os valores e a perda do valor intrínseco em geral.

Preso a esse ciclo e sem ter como se libertar dele, tudo o que o *homo laborans* pode fazer é construir um mundo feito de utensílios e nele viver, instrumentalizando, dessa forma, o universo ao seu redor, o que aniquila os fins propostos pela política, uma vez que, nesse universo, tudo se restringe aos meios, à utilidade imediata e às coisas desprovidas de valor em si, já que tal valor é aquilatado a partir dos fins atribuídos às coisas e a partir da abundância que elas possam vir a gerar.

Contudo, é o ideal da abundância, que ignora o valor das coisas e as vê apenas como algo a ser utilizado ou consumido, que coloca em risco a própria sobrevivência da civilização. Afinal, o mundo, para Arendt, não é uma totalidade de objetos, nem uma totalidade de fatos, e sim um artefato humano produzido pelo trabalho de seres humanos.

A adoção da abundância como ideal supremo está na origem da sociedade de consumo, o que transforma a durabilidade de pressuposto para a existência de um mundo em comum a obstáculo ao desenvolvimento. É o que a autora (1981, p. 265) acentua:

> *Nas condições modernas, a bancarrota decorre não da destruição, mas da conservação, porque a própria durabilidade dos objetos conservados é o maior obstáculo ao processo de reposição, cuja velocidade em constante crescimento é a única coisa constante que resta onde se estabelece este processo.*

Além disso, Arendt (2006a, p. 275) menciona, também, a absorção da produção e dos objetos fabricados – com sua possível eternidade – em uma torrente de mudanças na qual tudo é consumido em um metabolismo cada vez mais rápido. Com isso, o fundamento da vida em comum passa a ser o consumo, e não mais a preservação.

Segundo Arendt (2006a, p. 459), o *circulus vitiosus* da economia moderna é: consumimos para viver, produzimos para consumir, consumimos para produzir e, portanto, consumimos por consumir. A partir daí, criam-se as bases da sociedade de consumo, cujo fundamento é a substituição da cultura pela diversão. A sociedade de massas, segundo Arendt (1972, p. 257), "não precisa de cultura, mas de diversão, e os produtos oferecidos pela indústria de diversões são com efeito consumidos pela sociedade exatamente como quaisquer outros bens de consumo". Tal processo, ressalta Arendt (1972, p. 261), coloca em risco a própria cultura:

> *A cultura é ameaçada quando todos os objetos e coisas seculares, produzidos pelo presente ou pelo passado, são tratados como meras funções para o processo vital da sociedade, como se aí estivessem somente para satisfazer a alguma necessidade – e nessa funcionalização é praticamente indiferente saber se as necessidades em questão são de ordem superior ou inferior.*

Também a atividade política tem sua sobrevivência ameaçada por entrar no rol das coisas desnecessárias, uma vez que o consumo é alheio a tal atividade, assim como a sociedade de consumo é baseada no isolamento e na competição, elementos hostis ao processo discursivo – o discurso compartilhado – que fundamenta a atividade política. Aos olhos de quem se encontra imerso na sociedade de consumo, tal atividade é plenamente desnecessária.

Tal sociedade, por fim, tem no isolamento uma de suas principais características, com o processo de circulação, segundo Arendt, se dando a partir de objetos transformados em mercadorias, com aqueles que os produzem e consomem não criando elos uns com os outros, o que desfaz o mundo comum da esfera pública.

A autora (1981, p. 81) acentua: "O único modo eficaz de garantir a sombra do que deve ser escondido contra a luz da publicidade é a propriedade privada – um lugar só nosso, no qual podemos nos esconder". É a existência da propriedade, portanto, que permite a sobrevivência da esfera privada. Além disso, a propriedade é definida por Arendt, ao mesmo tempo, como fundamento da permanência do mundo, formando a base do processo civilizador e do núcleo familiar. Não se trata, porém, de alguma forma de apologia do capitalismo, uma vez que, para a autora, o capitalismo, ao contrário de fortalecer a propriedade como núcleo estruturante das relações sociais, promoveu sua expropriação.

Arendt (2006b, p. 183) afirma:

> *Todas as nossas experiências – e não teorias ou ideologias – nos contam que o processo de expropriação, que começou com a ascensão do capitalismo,*

> *não cessa com a expropriação dos meios de produção; só instituições legais e políticas independentes das forças econômicas e seu automatismo podem controlar e equilibrar as monstruosas potencialidades inerentes a este processo.*

Ademais, buscando definir as origens desse processo, Arendt (2008a, p. 105) as encontra na Revolução Industrial:

> *Foi somente com a súbita e desconcertante investida dos gigantescos desenvolvimentos técnicos posteriores à Revolução Industrial que a experiência da fabricação atingiu uma predominância avassaladora a ponto de relegar as incertezas da ação ao total esquecimento; foi possível começar a falar em 'fabricar o futuro' e 'construir e aperfeiçoar a sociedade' como se se tratasse da fabricação de cadeiras e da construção e reforma de casas.*

A análise arendtiana remete, no caso, à análise marxiana. A autora (2006a, p. 508), assim como Marx, define a Revolução Industrial como o momento histórico no qual o trabalho se converte em força de trabalho, e ambos veem nela uma potencial desestabilização das estruturas sociais, derivada do reconhecimento da exploração à qual o trabalhador está submetido.

A diferença é que, se Marx deposita nessa contestação as suas esperanças de um mundo melhor, Arendt a vê como um mal inerente à dominação do capital. Para ela, este tem caráter processual, e não estruturante, daí a instabilidade intrínseca ao capitalismo. Assim como Marx ressalta como o capitalismo enfraquece as tradições que até então fundamentaram as relações sociais, a autora (2008a, p. 72) assinala:

> *Apenas quando o lugar do indivíduo no mundo é determinado pela condição econômica, e não pela tradição, é que ele perde sua moradia. Apenas nesse momento surge a questão do* significado, *nascida da possibilidade de se contestar a própria situação pessoal.*

Há, ainda, uma evidente analogia entre as análises que Arendt e Marx fazem da Revolução Industrial no que tange ao desenraizamento por ela promovido, mas Arendt conecta tal processo ao surgimento das massas supérfluas, que viabilizariam o surgimento do totalitarismo e marcariam com sua presença os tempos modernos. Assim, segundo Arendt (2006a, p. 330), a Revolução Industrial foi possível devido à exploração e proletarização, ou seja, devido ao desenraizamento e ao fato de muitos homens terem se tornado supérfluos. Ademais, a ideia de que os homens são supérfluos ou parasitas que impedem a marcha da história ou da natureza se apresenta pela primeira vez quando está concluída a transformação da sociedade em uma sociedade de trabalhadores (2006a, p. 327).

De acordo com a autora (2007b, p. 320), um peculiar deslocamento na balança de poder ocorreu durante o que ela chama de Era de Ouro da Segurança, com o enorme desenvolvimento industrial e econômico promovendo o enfraquecimento dos fatores puramente políticos, ao mesmo tempo em que as forças econômicas tornavam-se dominantes no jogo internacional de poder.

Tal processo trouxe vantagens materiais que a autora reconhece, embora conteste seus efeitos, e quando ela contesta as vantagens derivadas do desenvolvimento capitalista, contesta toda uma concepção desenvolvimentista, uma vez que tal concepção ignora as relações humanas e a transcendência da ação discursiva, encerrando o mundo em limites imediatistas e utilitários. Mesmo o artefato humano, fruto do trabalho, é desvalorizado, com a incorporação de produtos derivados do labor – utilitários e descartáveis – sendo a única meta a ser valorizada.

Com isso, é o próprio conceito de progresso, enquanto evolução linear rumo a um futuro necessariamente melhor do que o passado, que é posto em questão quando Arendt (2008b, p. 225) salienta:

> *O mito do progresso pressupõe que o início da humanidade foi o inferno e que avançamos na direção de alguma espécie de paraíso; o mito do declínio pressupõe que o começo foi o paraíso e que a partir daí, possivelmente com a ajuda do pecado original, nos aproximamos cada vez mais do inferno. Sem dúvida, houve grandes historiadores que usaram o mito do progresso, ao passo que outros, igualmente grandes, usaram o mito do declínio. Mas, se quisermos ser sérios na questão da verdade na história, seria melhor deixar o delicioso parque de diversão das mitologias.*

Contudo, a crítica arendtiana volta-se contra si própria quando situa na *polis* grega o ideal político do qual a modernidade é a negação. O espaço privado foi onde os gregos, segundo Arendt, trabalharam na construção das coisas duráveis necessárias para a continuidade da vida, enquanto o espaço público era utilizado para a efetivação da ação política. Por outro lado, por ser o domínio da necessidade, a vida privada é regida pela violência e, nesse sentido, é pré-política.

A *polis* começa onde terminam a necessidade e a violência. O mundo grego é descrito por Arendt a partir dessa dualidade e, por isso, é visto como um ideal político, não importando, no caso, o quanto entre de idealização nessa descrição, uma vez que ela pode ser definida antes como a construção de um ideal do que como uma análise histórica preocupada com a transcrição fidedigna do passado.

A sociedade moderna, tal como descrita por ela, pode ser definida como o avesso desse ideal, uma vez que, segundo Arendt (2004, p. 276), "o poder da sociedade em nosso tempo é maior do que jamais foi anteriormente, e não restam muitas pessoas que conhecem as regras de uma vida privada e como vivê-la". Nesse caso, como ao longo de toda a análise arendtiana da modernidade, o que prevalece é uma sensação de perda, declínio e desalento.

Para muitos analistas, segundo Benhabib (2003, p. 21), Arendt é uma pensadora nostálgica e antimodernista, que vê na modernidade o declínio da esfera pública e a emergência de uma realidade amorfa, anônima e uniforme que ela define como "social". De fato, todo o pensamento político arendtiano é perpassado pela sensação de declínio.

A *polis* grega foi, afinal, estruturada a partir do estabelecimento de uma distinção entre público e privado que tem sido obscurecida nos tempos modernos por uma terceira categoria, definida pela autora como "social", e por seu crescente domínio (CANOVAN, 1994b, p. 115), sendo a sociedade vista por ela, acentua Canovan (1994b, p. 120), em contraposição à possibilidade de uma república de cidadãos. Tais dicotomias, contudo, são claramente excludentes, e Heller (1991, p. 88) critica, na visão política de Arendt, o que define como a exclusão de uma ampla variedade de temas que pertencem ao cotidiano dos cidadãos.

Quando Arendt faleceu, lembra Bernstein (2002, p. 295), poucos sabiam de sua vida privada, à exceção de um pequeno círculo de amigos íntimos. Sua própria vida foi estruturada, portanto, a partir de uma rígida distinção entre esfera pública e esfera privada, e essa distinção era vista por ela como essencial para a sobrevivência de ambas. Segundo Arendt (1981, p. 79), "a contradição entre o público e o privado, típica dos estágios iniciais da era moderna, foi um fenômeno temporário que trouxe a completa extinção da própria diferença entre as esferas pública e privada, a submersão de ambas na esfera do social".

Se a indistinção entre esfera política e esfera econômica e entre atividade pública e atividade particular corrói a dignidade da política, o totalitarismo, por fim, significa a própria negação da política, com Arendt dedicando parte considerável de sua obra ao afã de compreendê-lo, bem como à tarefa de definir suas origens, sendo o individualismo, na perspectiva arendtiana, a melhor garantia contra o totalitarismo, descrito por ela como a eliminação do espaço entre as pessoas.

Arendt (1981, p. 269) acentua:

> *A ascensão da sociedade trouxe consigo o declínio simultâneo das esferas pública e privada; mas o eclipse de um mundo público comum, fator tão crucial para a formação da massa solitária e tão perigoso na formação da mentalidade alienada do mundo, dos modernos movimentos ideológicos de massas, começou com a perda, muito mais tangível, da propriedade privada de um pedaço de terra neste mundo.*

E qual foi a origem da esfera social? A esfera social, para a autora, surgiu apenas com o aparecimento da economia de mercado a partir do século XVI e com o processo de expropriação da propriedade particular, ocorrido no início da Era Moderna, fazendo com que a ascensão dessa esfera correspondesse à perda de autonomia tanto da esfera pública quanto da esfera privada.

Foi o momento em que a necessidade invadiu a esfera pública, mas foi no século XIX, para Arendt, que fatores socioeconômicos enfim sobrepujaram a esfera política, dando a ela uma feição técnica incompatível com seu sentido discursivo. A partir desse momento, o técnico tornou-se cada vez mais impositivo e autônomo perante o político, ou este foi transformado em um burocrata – um tecnocrata, para usar a expressão mais adequada.

Tal processo tem como fundamentos, portanto, o eclipse da esfera pública e a concomitante transformação da ação política em um processo técnico voltado para a satisfação de necessidades materiais, o que elimina seu caráter gratuito e discursivo. Arendt (1981, p. 54) assinala: "Qualquer vitória completa da sociedade produzirá sempre algum tipo de 'ficção comunística', cuja principal característica política é que será, de fato, governada por uma 'mão invisível', isto é, por ninguém". Em outras palavras, esta "mão invisível" é a mão do burocrata, do técnico alheio à política que é movido pelo conhecimento tecnológico e não pela ação discursiva, definida pela autora como a expressão da liberdade humana.

Para Arendt, a diferença primária entre o político e o social é que a esfera política é criada e sustentada pela livre atividade política, viabilizada pela pluralidade de atores, ao passo que a esfera social emerge e é perpetuada por meio da crença na inevitabilidade e homogeneidade das leis naturais e da necessidade histórica. Com isso, as relações entre os seres humanos deixam de ser relações políticas para se transformarem em relações naturais, ou seja, não regidas pela liberdade, mas, ainda assim, presas às necessidades naturais.

A partir daí, os vínculos humanos passam a ser regidos por necessidades naturais, ganhando uma dimensão econômica perante a qual todo o resto se torna supérfluo. Ocorre, então, uma naturalização das relações humanas que se constitui também em seu rebaixamento. Em meio a essas relações, a liberdade da ação e do discurso não tem como sobreviver, uma vez que a liberdade e a espontaneidade que a caracterizam são substituídas pela programação necessária à satisfação dos interesses econômicos, perante os quais a espontaneidade, em sua existência gratuita, é mero desperdício, e, ainda, algo incompatível com o processo de massificação.

4. Pensamento e conhecimento

Como, por fim, a produção de conhecimento é transformada pelo impacto da modernidade? O ato de conhecer e o ato de pensar, segundo Arendt (1987, p. 113), são distintos: "Estritamente falando, apenas o conhecer pode ter um objetivo, seja ético, religioso ou político. O pensar não tem um objetivo real e, a menos que encontre seu sentido em si mesmo, não tem absolutamente nenhum sentido". Além disso, outra distinção ainda deve ser levada em conta, uma vez que, para a autora, como ressalta Cabildo (2004, p. 112), o espírito difere por completo da alma na medida em que a característica fundamental da vida do espírito é permanecer sozinho e relacionar-se consigo mesmo, ao passo que a alma é o ponto do qual emergem suas paixões, sentimentos e emoções. O ato de pensar, portanto, necessita da solidão para ser levado a efeito, pois carece de objetivo e de sentido.

Arendt (1987, p. 165) acentua: "O fato simples é que mesmo os homens inteiramente incapazes de avaliar os aspectos especificamente científicos de um argumento são tão fascinados pela verdade científica como os homens do século XVIII o eram pela questão da verdade". Porém, tal fascínio transforma-se em ameaça à sobrevivência do pensamento na medida em que, para Arendt, o conhecimento usa a verdade e o pensamento usa o sentido. O pensamento não busca, portanto, o conhecimento da verdade, mas a compreensão do significado, sendo isso que o torna deslocado em um mundo regido pelo utilitarismo.

Arendt (1991, p. 94) salienta: "O pensamento está fora de ordem porque a busca do significado não produz qualquer resultado final que sobreviva à atividade, que faça sentido depois que a atividade tenha chegado ao fim". Por isso, segundo ela, "o pensamento está fora de ordem, interrompendo todas as atividades ordinárias e sendo por elas interrompido" (1991, p. 149). Perante a modernidade, portanto, o pensamento transforma-se em um obstáculo sem razão de ser.

Segundo Arendt (1991, p. 214), "a Vontade sempre quer *fazer* algo, menosprezando assim implicitamente o pensamento puro cuja atividade depende totalmente do 'não fazer nada'". E é a inação indispensável ao ato de pensar que o torna suspeito perante uma modernidade calcada na produtividade e na eficiência.

Se o pensamento, porém, torna-se algo deslocado perante o mundo moderno, onde o que importa é o ato de fazer, ou seja, a experiência, é tal experiência, contudo, que – ao definir o pensamento como irrisório – perde seu significado. É o que

Arendt (1991, p. 68) salienta: "Todo pensamento deriva da experiência, mas nenhuma experiência produz significado ou mesmo coerência sem passar pelas operações de imaginação e pensamento". A autora ainda salienta: "Vista da perspectiva do mundo das aparências e das atividades por ele condicionadas, a principal característica das atividades espirituais é a sua *invisibilidade*" (ARENDT, 1991, p. 57).

Arendt, por fim, como acentua d'Entrèves (1994, p. 23), identifica um aspecto crucial da modernidade na emergência da dúvida cartesiana, com seu questionamento dos sentidos e sua ênfase na introspecção. Correia (1997, p. 78), igualmente, assinala:

> *Hannah Arendt percebe no subjetivismo que perpassa a filosofia moderna uma clara expressão da alienação do homem moderno. A filosofia moderna começou com a dúvida cartesiana, em sua universalidade, e sobre ela constituiu o seu método de suspeição. O que se perdeu na era moderna foi a certeza oriunda antes do rompimento dos sentidos e da razão.*

Temos, novamente, o conceito de ruptura associado à noção de perda. Em uma modernidade caracterizada pelo predomínio da multidão, a filosofia torna-se apenas e tão somente irrisória a ponto de ser vista como não mais que uma brincadeira. Arendt (1991, p. 64) acentua: "O riso, e não a hostilidade, é a reação natural da multidão diante das preocupações do filósofo e da aparente inutilidade daquilo de que ele se ocupa", o que não poderia ser diferente, já que o momento em que ocorre o ato de pensar é descartado por sua superfluidade. Por fim, mesmo a filosofia política, segundo Arendt (2008b, p. 82), perdeu seu significado perante a modernidade:

> *Por ter Platão em certo sentido deformado a filosofia para propósitos políticos, esta seguiu fornecendo parâmetros e regras, padrões e medidas com os quais a mente humana pôde pelo menos entender o que acontecia na esfera dos assuntos humanos. Foi essa utilidade para a compreensão que se exauriu com a aproximação da era moderna.*

Também o conhecimento histórico foi profundamente alterado, mas é preciso, inicialmente, pensarmos como Arendt o define. É um erro, segundo King (2008, p. 251), atribuir a Arendt uma filosofia sistemática da história, não estando ela interessada em delinear uma metodologia explícita referente aos fenômenos históricos. Já Eaglestone (2008, p. 212) ressalta como Arendt nunca construiu uma metodologia explícita a partir dos elementos retirados das diversas escolas de pensamento com as quais interagiu.

Arendt, enfim, não foi e nunca pretendeu ser uma historiadora, mas o conhecimento histórico tem sua importância enfatizada por ela. Afinal, segundo a autora (2004, p. 341), "é bem verdade que o passado nos assombra; é função do passado assombrar a nós que somos presentes e queremos viver no mundo como ele realmente é, isto é, como se *tornou* o que é agora", sendo esta a função, para ela, desse conhecimento.

Arendt (2008a, p. 342) acentua: "Sempre que ocorre um evento de magnitude suficiente para esclarecer seu próprio passado, nasce a história. Somente então a caótica confusão das ocorrências passadas emerge como uma história passível de ser contada, por ter um começo e um fim". O conhecimento histórico deriva, portanto, de um acontecimento capaz de esclarecê-lo e do choque por ele gerado, que o ilumina. Entretanto, a autora (1981, p. 197) também ressalta:

> *A perplexidade é que em qualquer série de eventos que, no conjunto, compõem uma história com significado único, podemos quando muito isolar o agente que imprimiu movimento ao processo; e embora esse agente seja muitas vezes o sujeito, o 'herói' da história, nunca podemos apontá-lo inequivocamente como o autor do resultado final.*

O processo histórico, portanto, não é gerado por um agente específico, nem obedece a um objetivo singular, propiciando, assim, a perplexidade descrita pela autora. Arendt conclui: "Muito embora as histórias sejam resultado inevitável da ação, não é o ator, e sim o narrador que percebe e 'faz' a história" (1981, p. 205).

A história, portanto, é uma narrativa, construída por quem narra o passado, e sua importância é ressaltada pela autora. Afinal, segundo Arendt (2006a, p. 279), a história é a dimensão da grandeza e esta só pode aparecer depois da morte. Ademais, falta, conclui ela, a dimensão da grandeza a quem vive sem passado (2006a, p. 280). Entretanto, é tal dimensão, segundo Arendt (1981, p. 311), que tende ao desaparecimento:

> *A moderna descoberta da história e a consciência histórica deveram um dos seus maiores impulsos não a um novo entusiasmo pela grandeza do homem, por seus feitos e sofrimentos, nem à crença de que o significado da existência humana poderia ser encontrado na história da humanidade, mas ao desespero em relação à razão humana, que só parecia adequada diante de objetos fabricados pelo homem.*

Por fim, o conhecimento do passado, segundo Arendt (1997, p. 67), torna possível o futuro:

> *O passado é presentificado pela memória como aquilo através do qual se pode refazer a experiência. Ele é, pois, retido no presente, e perde o seu caráter de passado definitivo. O passado é guardado na memória porque nesta presentificação torna-se um devir possível.*

Para Arendt, histórias servem como consolação em um sentido poderoso e nada trivial, sendo a contrapartida da ideologia, assim como a ação é a contrapartida do labor. Porém, é esse sentido que é comprometido pelo advento da modernidade. Para Arendt, as perdas ocorridas na Era Moderna em decorrência da secularização, racionalização e modernização sociocultural poderiam ser parcialmente solucionadas por uma seletiva apropriação do passado. É essa apropriação, contudo, que é inviabilizada pela secularização.

De acordo com a autora (2006a, p. 463), a moderna consciência histórica consiste na mais imediata e essencial consequência da separação entre religião e política, que se chama secularização, e consiste no estabelecimento, por parte da humanidade, de uma eternidade virtual sobre a terra. A consciência histórica, portanto, torna-se inviável quando o presente é o único momento histórico que interessa, quando o presente se eterniza e eclipsa tudo o que ocorreu antes dele.

Como, finalmente, definir o conceito arendtiano de modernidade? Ele pode ser definido como o período histórico que vive sob o domínio da técnica, e esta se converteu em algo muito perigoso, uma vez que o que Arendt (2006a, p. 695) chama de ponto principal é a ideia de que vivemos em uma civilização que ameaça a vida.

Arendt (1987, p. 76) acentua: "A tecnologia, tendo proporcionado a unidade do mundo, pode destruí-la com a mesma facilidade, e os meios de comunicação global foram projetados ao lado de meios de uma possível destruição global". Esse, para Arendt (1972, p. 95), é o risco contemporâneo vivido pelo ser humano: "Não resta dúvida que a capacidade para agir é a mais perigosa de todas as aptidões e possibilidades humanas, e é também indubitável que os riscos auto-gerados com que se depara hoje a humanidade jamais foram deparados anteriormente". O conhecimento científico – o conhecimento que fundamenta a modernidade e que condenou o pensamento à irrelevância – transformou-se, portanto, na mais séria ameaça enfrentada pela humanidade.

O conceito de progresso científico perde o sentido, segundo Arendt (1991, p. 17), perante a ameaça em que o conhecimento científico se transformou:

> *Não só cessou o progresso da ciência de coincidir com o progresso da humanidade (seja o que for que*

> *isso acarrete), como poderá esse fato até mesmo trazer o fim dessa mesma humanidade, assim como o maior progresso da erudição poderá muito bem terminar com a destruição de tudo aquilo que fez com que a erudição valesse a pena. O progresso, em outras palavras, não mais serve como padrão por onde avaliar o processo de transformação desastrosamente rápido que liberamos.*

Tal risco é potencializado, de acordo com a autora (1991, p. 5), pela ausência de pensamento por parte de quem detém esse conhecimento:

> *Existem, de fato, poucas coisas mais atemorizantes do que o prestígio sempre crescente dos 'donos do saber' de mentalidade científica que vêm assessorando os governos durante as últimas décadas. O problema não é que eles tenham suficiente sangue-frio para 'pensar o impensável', mas sim que não pensam.*

É potencializado, ainda, à medida que, como acentua Arendt (1981, p. 11), esse conhecimento se tornou esotérico e deixou de ser comunicável: "O problema tem a ver com o fato de que as 'verdades' da moderna visão científica do mundo, embora possam ser demonstradas em fórmulas matemáticas e comprovadas pela tecnologia, já não se prestam à expressão normal da fala e do raciocínio".

Para Arendt (1981, p. 18), a ciência é inútil quando se trata de responder à questão básica referente à existência humana:

> *O problema é que as formas de cognição humana aplicáveis às coisas dotadas de qualidades naturais*

> *– inclusive nós mesmos, na medida limitada em que somos exemplares da vida orgânica mais altamente desenvolvida – de nada valem quando levantamos a pergunta: e* quem *somos nós.*

Isso porque responder a tal questão e refletir sobre ela cabe ao pensamento, não ao conhecimento. A dualidade entre pensamento e ciência é enfatizada por Arendt (1991, p. 44):

> *A transformação da verdade em mera vivacidade deriva primeiramente do fato de que o cientista permanece ligado ao senso comum através do qual nos orientamos em um mundo de aparências. O pensamento retira-se – radicalmente e por sua própria conta – deste mundo e de sua natureza evidencial, ao passo que a ciência se beneficia de uma possível retirada em função de resultados específicos.*

Já em relação à ciência, Arendt (1991, p. 46) acentua: "O que a ciência e a busca de conhecimentos procuram é a verdade *irrefutável*, ou seja, proposições que os seres humanos não estão livres para refutar – são coercitivas", e acrescenta:

> *Em outras palavras, não há verdades além e acima das verdades factuais – inclusive as engendradas pelo puro poder cerebral e expressas numa linguagem simbólica especificamente feita para esse fim –, e somente afirmações factuais podem ser verificadas cientificamente (1991, p. 48).*

Segundo a autora (2006a, p. 444), o homem moderno, que está isolado, é incapaz de ação e encontra-se desamparado. Ademais, Arendt (1981, p.

336) demonstra seu pessimismo perante a modernidade: "É perfeitamente concebível que a era moderna – que teve início com um surto tão promissor e tão sem precedentes de atividade humana – venha a terminar na passividade mais mortal e estéril que a história jamais conheceu". Contudo, ela não deixa de manifestar sua esperança:

> *Na História, conseguiu-se frequentemente varrer do mapa o homem enquanto ser atuante, mas não em escala mundial - seja na forma da tirania que hoje nos dá a impressão de estar fora de moda, na qual a vontade de um homem 'exige pista livre'; seja na forma moderna de dominação total, na qual se deseja liberar os processos e 'forças históricas' (ARENDT, 2007a, p. 27).*

É possível, por fim, definir a existência de uma utopia arendtiana. Marson (2006, p. 30) indaga: "Até que ponto Arendt não questiona uma concepção modelar de política, concepção que os *liberalismos* utilizaram fartamente em suas utopias?". Em oposição à Modernidade, ela delineia seu mundo ideal, isto é, sua utopia.

Não se trata de promover uma revolução, o que Adler (2007, p. 358) acentua: "Já que somos mortais, a única coisa que podemos fazer é agir no e pelo presente. Desde então, a idéia de mudar o mundo, de construir o futuro da humanidade, lhe parece ilusória". Trata-se, porém, da construção de um mundo comum, o que Adler (2007, p. 220) ressalta ao tomar a utopia kafkiana como paralelo:

> *Kafka nos ajuda a nos livrarmos do mundo sanguinário em que a Europa se sujou para imaginar um mundo não necessariamente, mas possível, em que a ação dos homens prevaleça sobre as potências secretas, em que todos sejam cidadãos, um mundo a construir, um mundo que Arendt mais tarde teorizará com o nome de mundo comum.*

Também Arendt (2008a, p. 107) acentua em relação à Kafka:

> *Ele queria construir um mundo de acordo com as necessidades e dignidades humanas, um mundo onde as ações do homem são determinadas por ele mesmo, guiado por leis humanas e não por forças misteriosas que emanam do alto e das profundezas. Além disso, seu desejo mais intenso era fazer parte de um mundo desses – não estava preocupado em ser um gênio ou a encarnação de algum tipo de grandeza.*

Esse mundo comum deve tomar, como ponto de partida, a conciliação entre as diferentes esferas que formam a atividade humana. Afinal, para a autora, as atividades de labor, trabalho e ação são igualmente necessárias para uma vida humana completa. Trata-se, portanto, não de eliminar um em detrimento do outro, mas de conciliá-los a partir da esfera distinta que cada qual deve ocupar.

Vejamos, por fim, como Arendt (1981, p. 187) pensa o que considera ser o mundo ideal:

> *O artifício humano deve ser um lugar adequado à ação e ao discurso, a atividades não só inteiramente inúteis às necessidades da vida, mas de natureza*

> *inteiramente diferente das várias atividades de fabricação mediante a qual são produzidos o mundo e todas as coisas que nele existem.*

Nesse trecho de fundamental importância, Arendt explicita seu projeto político e ético, um projeto no qual o mundo do trabalho é situado em uma esfera distinta da política, vista como atividade a ser exercida de forma alheia à sobrevivência humana. Não é possível pensarmos, com base nisso, em uma aposta efetiva de Arendt na restauração da Antiguidade Clássica por ela associada a esse ideal, e a autora certamente foi lúcida o suficiente para não embarcar em tal projeto de restauração ou imaginar, mesmo que remotamente, sua viabilidade.

Trata-se, porém, de um ideal a ela associado a um tipo de convivência que se perdeu, e, aqui, como é usual em sua obra, Arendt prefere manter-se mais próxima a uma reconstrução do passado fundamentada nos ideais por ela defendidos que a uma reconstrução efetivamente histórica. Por outro lado, a autora não ignora a reversibilidade das mudanças históricas e, se ela não chega a referir-se à existência de um mundo ideal que se perdeu, Arendt sente-se claramente deslocada em um mundo cada vez mais distante dos ideais políticos e de convivência humana por ela delineados.

Bibliografia

ABENSOUR, Miguel. "Hannah Arendt: O totalitarismo e a servidão voluntária". *In*: NOVAES, Adauto (Org.). *A outra margem do Ocidente*. São Paulo: Companhia das Letras, 1999.

ABREU, Maria Aparecida. *Hannah Arendt e os limites do novo*. Rio de Janeiro: Azougue, 2004.

ADLER, Laure. *Nos passos de Hannah Arendt*. Rio de Janeiro: Record, 2007.

AGUIAR, Odílio Alves. *Filosofia e política no pensamento de Hannah Arendt*. Fortaleza: UFC Edições, 2001.

______. *Filosofia, política e ética em Hannah Arendt*. Ijuí: Editora UNIJUÍ, 2009.

ALVES NETO, Rodrigo Ribeiro. "Mundo e alienação na obra de Hannah Arendt". *Filosofia UNISINOS*, 9 (3): 243-257, 2008 (São Leopoldo, Unisinos).

ANSART, Pierre. "Hannah Arendt: A obscuridade dos ódios públicos". *In*: DUARTE, André; LOPREATO, Christina; MAGALHÃES, Marion Brepohl de (Orgs.). *A banalização da violência: A atualidade do pensamento de Hannah Arendt*. Rio de Janeiro: Relume-Dumará, 2004.

ARENDT, Hannah. *Entre o passado e o futuro*. São Paulo: Perspectiva, 1972.

______. *The life of the mind*. Londres: Secker & Warburg, 1978.

ARENDT, Hannah. *A condição humana*. Rio de Janeiro: Forense-Universitária, 1981.

______. *Eichmann em Jerusalém: Um ensaio sobre a banalidade do mal*. São Paulo: Diagrama & Texto, 1983.

______. *Da violência*. Brasília: Editora Universidade de Brasília, 1985.

______. *Homens em tempos sombrios*. São Paulo: Companhia das Letras, 1987.

______. *Origens do totalitarismo*. São Paulo: Companhia das Letras, 1989.

______. *Da revolução*. São Paulo: Ática, 1990.

______. *A vida do espírito: O pensar, o querer, o julgar*. Rio de Janeiro: Relume-Dumará, 1991.

______. *A dignidade da política: Ensaios e conferências*. Rio de Janeiro: Relume-Dumará, 1993.

______. *Rahel Varnhagen: A vida de uma judia alemã na época do romantismo*. Rio de Janeiro: Relume--Dumará, 1994.

______. *O conceito de amor em Santo Agostinho*. Lisboa: Instituto Piaget, 1997.

______. *Responsabilidade e julgamento*. São Paulo: Companhia das Letras, 2004.

______. *Diário filosófico, 1950-1973*. Barcelona: Herder, 2006a.

______. *Crises da República*. São Paulo: Perspectiva, 2006b.

______. *O que é política?*. Rio de Janeiro: Bertrand Brasil, 2007a.

ARENDT, Hannah. *The jewish writings*. Nova Iorque: Schocken Books, 2007b.

______. *Reflections on literature and culture*. Stanford: Stanford University Press, 2007c.

______. *Compreender: Formação, exílio, totalitarismo (ensaios)*. São Paulo/Belo Horizonte: Companhia das Letras/Editora UFMG, 2008a.

______. *A promessa da política*. Rio de Janeiro: DIFEL, 2008b.

ARON, Raymond. *Machiavelli e le tirannie moderne*. Roma: Edizioni Sema, 1998.

ASCHHEIM, Steven E. "Nazism, culture and the origins of totalitarianism: Hannah Arendt and the discourse of evil". *New German Critique*, 70: 117-139, 1997 (Durham, Duke University Press).

______. *Scholem, Arendt, Klemperer: Intimate chronicles in turbulent times*. Bloomington: Indiana University Press, 2001.

BAIER, Annette. "Ethic in many different voices". *In*: MAY, Larry; KOHN, Jerome (Eds.). *Hannah Arendt: Twenty years later*. Cambridge: The MIT Press, 1997.

BENHABIB, Seyla. *The reluctant modernism of Hannah Arendt*. Lanham: Rowman & Littlefield, 2003.

BERGEN, Bernard. *The banality of evil: Hannah Arendt and the "final solution"*. Lanham: Rowman & Littlefield Publishers, 1998.

BERNSTEIN, J. M. "Arendt's political modernism". *In*: BERKOWITZ, Roger (Ed.). *Thinking in dark times: Hannah Arendt on ethics and politics*. Fordham: Fordham University Press, 2010.

BERNSTEIN, Richard J. "Did Hannah Arendt change her mind? Form radical evil to the banality of evil". *In*: MAY, Larry; KOHN, Jerome (Eds.). *Hannah Arendt: Twenty years later*. Cambridge: The MIT Press, 1997.

______. "Hannah Arendt's Zionism?". *In*: ASCHHEIM, Steven E. (Ed.). *Hannah Arendt in Jerusalem*. Berkeley/Los Angeles: University of California Press, 2001.

______. "Provocation and appropriation: Hannah Arendt's response to Martin Heidegger". *In*: McCORMICK, John P. (Ed.). *Confronting mass democracy and industrial technology: Political and social theory from Nietzsche to Habermas*. Durham/Londres: Duke University Press, 2002.

BIRMINGHAM, Peg. *Hannah Arendt and the human rights: The predicament of common responsibility*. Bloomington: Indiana University Press, 2006.

BOITIER, Daniel. "Simone Weil, Hannah Arendt: Tradition maintenue, tradition perdue, tradition citée". *In*: NARCY, Michel; TASSIN, Étienne (Dir.). *Les catégories de l'universel: Simone Weil et Hannah Arendt*. Paris: L'Harmattan, 2001.

BRIGHTMAN, Carol (Org.). *Entre amigas: Correspondência entre Hannah Arendt e Mary McCarthy*. Rio de Janeiro: Relume-Dumará, 1995.

BROSSAT, Alain. *L'épreuve du désastre: Le XXe siècle et les camps*. Paris: Albin Michel, 1996.

BRUDNY-DE LAUNAY, M. –I. "Le totalitarisme arendtien: Fécondité et paradoxes". *In*: CALOZ-TSCHOPP, M.-C. (Ed.). *Hannah Arendt, la "banalité du mal" comme mal politique*. Paris: L'Harmattan, 1998.

BRUNKHORST, Hauke. "Equality and elitism in Arendt". *In*: VILLA, Dana Richard (Ed.). *The Cambridge companion to Hannah Arendt*. Cambridge: Cambridge University Press, 2000.

CABILDO, Sissi Cano. "Sentido arendtiano de la 'banalidad del mal'". *Horizonte*, 3 (5): 101-130, 2004 (Belo Horizonte, PUC Minas).

CANOVAN, Margareth. "The contradictions of Hannah Arendt's political thought". *Political Theory*, 6 (1): 5-26, fev. 1978 (Londres, Sage Publications).

______. *Hannah Arendt: A reinterpretation of her political thought*. Cambridge: Cambridge University Press, 1994a.

______. "Politic as culture: Hannah Arendt and the public realm". *In*: HINCHMAN, Lewis P.; HINCHMAN, Sandra K. (Orgs.). *Hannah Arendt: Critical essays.* Albany: State University of New York Press, 1994b.

CARVALHO, José Murilo de. "Cidadania na encruzilhada". *In*: BIGNOTTO, Newton (Org.). *Pensar a República*. Belo Horizonte: Editora UFMG, 2002.

CHENAVIER, Robert. "Du bom usage des contradictions de Marx". *In*: NARCY, Michel; TASSIN, Étienne (Dir.). *Les catégories de l'universel: Simone Weil et Hannah Arendt*. Paris: L'Harmattan, 2001.

COLLIN, F. "Agir et donné". *In*: ROVIELLO, A.-M.; WEYEMBERGH, M. (Eds.). *Hannah Arendt et la modernité*. Paris: Librairie Philosophique J.Vrin, 1992.

CORREIA, Adriano. "Sobre a leitura arendtiana de Hobbes". *Reflexão*, 67/68, 1997 (Campinas, PUC Campinas).

______. "Crime e responsabilidade: A reflexão de Hannah Arendt sobre o direito e a dominação totalitária". *In*: DUARTE, André; LOPREATO, Christina; MAGALHÃES, Marion Brepohl de (Orgs.). *A banalização da violência: A atualidade do pensamento de Hannah Arendt*. Rio de Janeiro: Relume-Dumará, 2004.

COURTINE-DENAMY, S. *O cuidado com o mundo: Diálogo entre Hannah Arendt e alguns de seus contemporâneos*. Belo Horizonte: Editora UFMG, 2004.

CULBERT, Jennifer. "Judging the events of our time". *In*: BERKOWITZ, Roger (Ed.). *Thinking in dark times: Hannah Arendt on ethics and politics*. Fordham: Fordham University Press, 2010.

D'ENTRÈVES, Maurizio Passerin. "Hannah Arendt and the Idea of citizenship". *In*: MOUFFE, Chantal (Ed.). *Dimensions of radical democracy: Pluralism, citizenship, community*. Londres: Verso, 1992.

D'ENTRÈVES, Maurizio Passerin. *The political philosophy of Hannah Arendt*. Londres/Nova Iorque: Routledge, 1994.

DÉOTTE, Jean-Louis. *Les musée, l'origine de l'esthétique*. Paris: L'Harmattan, 1993.

DOSSA, Shiraz. *The public realm & the public self: The political theory of Hannah Arendt*. Waterloo: Wilfrid Laurier University Press, 1989.

DOSTOIÉVSKI, Fiódor M. *Os irmãos Karamázov*. São Paulo: Abril Cultural, 1971.

DUARTE, André. *O pensamento à sombra da ruptura: Política e filosofia em Hannah Arendt*. Rio de Janeiro: Paz e Terra, 2000.

______. "Hannah Arendt entre Heidegger e Benjamin". *In*: MORAES, Eduardo Jardim de; BIGNOTTO, Newton (Orgs.). *Hannah Arendt: Diálogos, reflexões, memórias*. Belo Horizonte: Editora UFMG, 2001.

EAGLESTONE, Robert. "The 'subterranean stream of western history': Arendt and Levinas after Heidegger". *In*: KING, Richard H.; STONE, Dan (Eds.). *Hannah Arendt and the uses of history: Imperialism, nation, race, and genocide*. Londres: Berghahn Books, 2008.

EUBEN, J. Peter. "Arendt's Hellenism". *In*: VILLA, Dana Richard (Ed.). *The Cambridge companion to Hannah Arendt*. Cambridge: Cambridge University Press, 2000.

FINE, Robert. *Political investigations: Hegel, Marx, Arendt*. Londres/Nova Iorque: Routledge, 2001.

GELLNER, Ernest. *Cultura, identidad y política: El nacionalismo y los nuevos cambios sociales*. Barcelona: Gedisa, 1989.

GOTTSEGEN, Michael G. *The political thought of Hannah Arendt*. Albany: State University of New York Press, 1994.

HABERMAS, Jürgen. "Hannah Arendt's communications concept of power". *In*: HINCHMAN, Lewis P.; HINCHMAN, Sandra K. (Orgs.). *Hannah Arendt: Critical essays*. Albany: State University of New York Press, 1994a.

______. *Identidades nacionales y postnacionales*. Madri: Tecnos, 1994b.

HANSEN, Phillip. *Arendt: Politics, history and citizenship*. Stanford: Stanford University Press, 1993.

HAYDEN, Patrick. *Political evil in a global age: Hannah Arendt and international theory*. Londres/Nova Iorque: Routledge, 2009.

HELLER, Agnes; FEHÉR, Ferenc. *A condição política pós-moderna*. Rio de Janeiro: Civilização Brasileira, 1998.

HELLER, Agnes. *Historia y futuro: ¿Sobrevivirá la modernidad?*. Barcelona: Península, 1991.

HEUER, Wolfgang. "Amizade política pelo cuidado com o mundo: Sobre política e responsabilidade na obra de Hannah Arendt". *História: Questões & Debates*, 46: 91-109, 2007 (Curitiba, Editora UFPR).

JOUVENEL, B. *As origens do Estado moderno: Uma história das idéias políticas no século XIX*. Rio de Janeiro: Zahar, 1978.

KATEB, George. "Political action: Its nature and advantages". *In*: VILLA, Dana Richard (Ed.). *The Cambridge companion to Hannah Arendt*. Cambridge: Cambridge University Press, 2000.

KING, Richard H. "Arendt between past and future". *In*: KING, Richard H.; STONE, Dan (Eds.). *Hannah Arendt and the uses of history: Imperialism, nation, race, and genocide*. Londres: Berghahn Books, 2008.

KOHN, Jerome. "Preface". *In*: ARENDT, Hannah. *The jewish writings*. Nova Iorque: Schocken Books, 2007.

______. "Introdução". *In*: ARENDT, Hannah. *A promessa da política*. Rio de Janeiro: DIFEL, 2008.

______. "Introdução". *In*: ARENDT, Hannah. *Compreender: Formação, exílio, totalitarismo (ensaios)*. São Paulo/Belo Horizonte: Companhia das Letras/ Editora UFMG, 2008b.

KRISTEVA, Julia. *Hannah Arendt: Life as a narrative*. Toronto: University of Toronto Press, 2001.

LAFER, Celso. *A reconstrução dos direitos humanos: Um diálogo com o pensamento de Hannah Arendt*. São Paulo: Companhia das Letras, 1991.

______. "Hannah Arendt: Totalitarismo e anti-semitismo". *In*: FUKS, Saul (Org.). *Tribunal da história: Julgando as controvérsias da história judaica*. Rio de Janeiro: Relume-Dumará, 2005.

LAQUEUR, W. "The Arendt Cult: Hannah Arendt as political commentator". *Journal of Contemporary History*, 33 (4): 483-496, out. 1998 (Sage Publications).

LEFORT, Claude. *Pensando o político: Ensaios sobre democracia, revolução e liberdade*. Rio de Janeiro: Paz e Terra, 1991.

LEFORT, Claude. "O imaginário da crise". *In*: NOVAES, Adauto (Org.). *A crise da razão*. São Paulo: Companhia das Letras, 1999.

LUDZ, Úrsula (Org.). *Hannah Arendt-Martin Heidegger: Correspondência, 1925-1975*. Rio de Janeiro: Relume-Dumará, 2001.

MARSON, Izabel Andrade. "'A dimensão política da história': Comentários e contrapontos". *In*: OLIVEIRA, Cecília Helena; PRADO, Maria Lígia Coelho; JANOTTI, Maria de Lourdes Mônaco (Orgs.). *A história na política, a política na história*. São Paulo: Alameda, 2006.

McGOWAN, John. *Hannah Arendt: An introduction*. Minneapolis: University of Minnesota Press, 1998.

MOMMSEN, Hans. "Hannah Arendt's interpretation of the Holocaust as a challenge to human existence: The intellectual background". *In*: ASCHHEIM, Steven E. (Ed.). *Hannah Arendt in Jerusalem*. Berkeley/Los Angeles: University of California Press, 2001.

MONTESQUIEU. *Do espírito das leis*. São Paulo: Abril Cultural, 1973.

MORUZZI, Norma Claire. *Speaking through the mask: Hannah Arendt and the politics of social identity*. Cornell: Cornell University Press, 2000.

NARCY, Michel. "La pertinence politique du christianisme". *In*: NARCY, Michel; TASSIN,

Étienne (Dir.). *Les catégories de l'universel: Simone Weil et Hannah Arendt*. Paris: L'Harmattan, 2001.

ORTEGA, Francisco. *Para uma política da amizade: Arendt, Derrida, Foucault*. Rio de Janeiro: Relume-Dumará, 2000.

PAZ, Octavio. *Signos em rotação*. São Paulo: Perspectiva, 1972.

POCOCK, J. G. A. *The Machiavellian Moment: Florentine political thought and the Atlantic Republican Tradition*. Princeton: Princeton University Press, 1975.

RICOEUR, Paul. *Leituras 1: Em torno ao político*. São Paulo: Loyola, 1995.

RING, Jennifer. "The pariah as hero: Hannah Arendt's political actor". *Political Theory*, 19 (3): 433-452, ago. 1991 (Londres, Sage Publications).

______. *The political consequences of thinking: Gender and Judaism in the work of Hannah Arendt*. Albany: State University of New York Press, 1997.

SANTALICES, Gloria M. Comesaña. "Lectura feminista de algunos textos de Hannah Arendt". *Anales del Seminário de Historia de La Filosofia*, 18: 125-142, 2001 (Madri, Servicio de Publicaciones/Universidad Complutense).

SEVERO, Cristine Gorski. "Por uma aproximação entre Bakhtin e Hannah Arendt". *Revista de Ciências Humanas*, 41 (1/2): 59-81, abr.-out. 2007 (Florianópolis, EDUFSC).

SOUKI, Nádia. "Da crise da autoridade ao mundo invertido". *In*: MORAES, Eduardo Jardim de; BIGNOTTO, Newton (Orgs.). *Hannah Arendt:*

Diálogos, reflexões, memórias. Belo Horizonte: Editora UFMG, 2001.

STOLCKE, Verena. "Pluralizar o universal: Guerra e paz na obra de Hannah Arendt". *Mana*, 8 (1): 93-112, 2002 (Rio de Janeiro, Contra Capa/ Museu Nacional).

TAMINIAUX, Jacques. *La fille de Thrace et le penseur professionnel: Arendt et Heidegger*. Paris: Payot, 1992.

TASSIN, Étienne. "Étude ou faire: Les conditions de l'humanité selon Arendt et Weil". *In*: NARCY, Michel; TASSIN, Étienne (Dir.). *Les catégories de l'universel: Simone Weil et Hannah Arendt*. Paris: L'Harmattan, 2001.

______. *Heidegger's children: Hannah Arendt, Karl Lowith, Hans Jonas, and Herbert Marcuse*. Princeton: Princeton University Press, 2001.

VALLE, Maria Ribeiro do. *A violência revolucionária em Hannah Arendt e Herbert Marcuse: Raízes e polarizações*. São Paulo: Editora UNESP, 2005.

VETO, Miklos. "Cohérence et terreur: Introduction à la philosophie politique de Hannah Arendt". *Archives de Philosophie*, 45 (4): 549-584, out.-dez. 1982 (Paris, Beauchesne).

VILLA, Dana Richard. *Arendt and Heidegger: The fate of the political*. Princeton: Princeton University, 1996.

VILLEY, Michel. *Critique de la pensée juridique*. Paris: Dallooz, 1976.

WAGNER, Eugênia Salles S. *Hannah Arendt: Ética e política*. Cotia: Ateliê, 2006.

WATSON, David. *Hannah Arendt*. Rio de Janeiro: DIFEL, 2001.

WOLIN, Richard. *Labirintos: Em torno a Benjamin, Habermas, Schmitt, Arendt, Derrida, Marx, Heidegger e outros – Explorações na história crítica das idéias.* Lisboa: Instituto Piaget, 1995.

YOUNG-BRUEHL, Elizabeth. *Por amor ao mundo: A vida e a obra de Hannah Arendt.* Rio de Janeiro: Relume-Dumará, 1997.

ZERILLI, Linda M. G. "The arendtian body". *In*: HONIG, Bonni (Ed.). *Feminist interpretations of Hannah Arendt.* University Park: The Pennsylvania State University Press, 1995.

ZUBEN, Newton Aquiles von. "O 'homo faber' e a mundanidade no pensamento político de Hannah Arendt". *In*: MORAIS, Regis de (Org.). *Filosofia, educação e sociedade (ensaios filosóficos).* São Paulo: Papirus, 1989.

Esta obra foi composta em CTcP
Capa: Supremo 250g – Miolo: Book Ivory Slim 65g
Impressão e acabamento
Gráfica e Editora Santuário